INSERCIÓN LABORAL DE PERSONAS CON DISCAPACIDAD SSCG0109

[DISPONIBLE CERTIFICADO COMPLETO]

Solicítalos en
- Librería
- www.paraninfo.es
- Solicitudes nacionales +34 914 463 350
- Solicitudes fuera de España +34 913 308 907
               +34 913 308 919

Metodología de empleo con apoyo en la inserción sociolaboral de personas con discapacidad

Cristina de Alba Galván

Paraninfo

© 2024 Ediciones Paraninfo, S. A.
© 2024 Cristina de Alba Galván

Edición y maquetación: Ediciones Nobel, S. A.

Impresión: Liberdigital (Casarrubuelos, Madrid)
ISBN: 978-84-283-6958-9
Depósito legal: M-25861-2024

Impreso en España

Autora

Cristina de Alba Galván es licenciada en Psicología por la Universidad de Sevilla, con formación de posgrado en Dirección y Gestión de Recursos Humanos.

Su trayectoria profesional se ha centrado en la gestión de personas, realizando tareas de análisis de perfiles profesionales, selección, formación y desarrollo del talento humano. Ha colaborado con equipos multidisciplinares, participando en labores de intermediación laboral y coordinado estudios y proyectos de investigación y evaluación, tanto en el sector público como privado.

Es colaboradora en medios digitales, donde ha publicado artículos sobre desarrollo personal y profesional, así como sobre temas relacionados con empleo y formación.

Índice

Introducción normativa

La Ley Orgánica 3/2022, de 31 de marzo, de ordenación e integración de la Formación Profesional, contiene una disposición derogatoria única que afecta a la regulación de los certificados de profesionalidad, ahora denominados **Certificados Profesionales.** La referida normativa deroga la Ley Orgánica 5/2002, de 19 de junio, de las Cualificaciones y de la Formación Profesional, y abre un escenario de cambios que se irán implementando progresivamente.

La Ley Orgánica 3/2022, de 31 de marzo, de ordenación e integración de la Formación Profesional implica que toda la formación es acumulable. La oferta formativa se estructura de forma escalonada, siendo los Certificados Profesionales un nivel intermedio (Grado C) de una escala que va desde el Grado A hasta el E.

En los artículos 35 a 38 de la Ley 3/2022 se describe en qué consisten estos Certificados Profesionales: su oferta, formación asociada, estructura, duración, acceso, titulación y validez. Posteriormente, esta normativa se completa con lo dispuesto en el Real Decreto 659/2023, de 18 de julio, que desarrolla la ordenación del sistema de Formación Profesional. Concretamente en los artículos 67 a 81 es donde se hace referencia a la oferta formativa de Grado C, correspondiente a los Certificados Profesionales.

Están agrupados en 26 familias profesionales con características comunes del sector. En la actualidad hay más de medio millar de Certificados Profesionales incluidos en el Repertorio Nacional. Esta cifra no deja de crecer. Además, cada certificado está específicamente regulado por un real decreto.

Un Certificado Profesional corresponde al Grado C de la oferta del Sistema de Formación Profesional. Es un documento oficial, con validez en todo el territorio nacional y debe constar en el Catálogo Nacional de Ofertas de Formación Profesional, que certifica la capacitación para el desarrollo de una actividad profesional.

Debe detallar los módulos profesionales superados y los estándares de competencia profesional asociados a él e incluidos en el **Catálogo Nacional de Estándares de Competencias Profesionales**, así como su correspondencia con el Marco Español de Cualificaciones.

Despliegan su validez en un doble ámbito, laboral y académico:

- En el contexto laboral tienen validez profesional, porque acreditan las competencias en una determinada profesión. Para poder trabajar en algunas profesiones, se exigen determinadas cualificaciones, y los certificados sirven para acreditarlas.

- Asimismo, tienen validez académica, puesto que permiten continuar un itinerario formativo siempre que se cumplan los requisitos de acceso para cursar la titulación deseada. De tal modo que, los Certificados Profesionales que sean parte de un Grado D permitirán la matrícula modular para completar los módulos establecidos en el currículo y obtener el correspondiente título de técnico básico, técnico o técnico superior con validez en todo el territorio nacional.

Para obtener un Certificado Profesional (Grado C) es preciso cumplir con los requisitos de acceso para realizar la formación.

Estructura de los Certificados Profesionales

I. Identificación: denominación, familia y área profesional a la que pertenecen; nivel de cualificación profesional (1, 2 o 3); cualificación profesional de referencia; entorno profesional y módulos formativos que esté previsto cursar junto con la duración de cada uno de ellos.

II. Perfil profesional: incluye las competencias profesionales requeridas en el mercado laboral. En todas ellas se concretan las realizaciones profesionales y los criterios de realización.

III. Formación: describe los módulos formativos que esté previsto cursar para adquirir las competencias requeridas. En cada uno de ellos se indican las capacidades que se pretende alcanzar y la duración del módulo de prácticas no laborales —PNL—, para el que cabe solicitar exención si se cumplen determinados requisitos.

IV. Prescripciones de las personas formadoras.

V. Requisitos mínimos de espacios, instalaciones y equipamiento.

Los Certificados Profesionales se identifican con una denominación concreta y un código alfanumérico propio, y sirven para acreditar una determinada cualificación profesional. Cada certificado está asociado a una relación de unidades de competencia que, a su vez, se vinculan con una serie de módulos formativos específicos. Algunos módulos están integrados por unidades formativas y tanto unos como otras son, en ocasiones, transversales, lo que significa que se trata de contenidos incluidos en más de un Certificado Profesional.

Los Certificados Profesionales se articulan en tres niveles de competencia profesional (1, 2 y 3) conforme a lo dispuesto en el que será el Catálogo Nacional de Estándares de Competencias Profesionales, anteriormente Catálogo Nacional de Cualificaciones Profesionales (CNCP), según los criterios establecidos de conocimientos, iniciativa, autonomía y complejidad de las tareas, en cada una de las ofertas de Formación Profesional.

La oferta formativa dirigida a la obtención de los Certificados Profesionales tiene carácter modular para favorecer la acreditación parcial acumulable de la formación recibida y posibilitar así el avance en el itinerario de Formación Profesional para cualquiera que sea la situación laboral de cada persona en cada momento.

En definitiva, el Grado C constituye la oferta, parcial y acumulable, del sistema de Formación Profesional, de varios módulos profesionales del catálogo modular de Formación Profesional por razón de su significado en el mercado laboral y conducente a la obtención de un Certificado Profesional.

Las ofertas de Grado C de Formación Profesional tendrán por objeto módulos profesionales incluidos previamente en el catálogo modular de formación profesional y asociados al Catálogo Nacional de Estándares de Competencias Profesionales.

Finalidad de los Certificados Profesionales

- Contribuir a la ordenación de un Sistema de Formación Profesional al servicio de un régimen de formación y acompañamiento profesionales que sea capaz de responder con flexibilidad a los intereses, expectativas y aspiraciones de cualificación profesional de las personas a lo largo de su vida.

- Combinar escuela y empresa situando a la persona en el centro del sistema.

- Facilitar el aprendizaje permanente de toda la ciudadanía mediante una formación abierta, flexible y accesible, estructurada de forma modular, a través de la oferta formativa asociada al certificado.

- Acreditar las cualificaciones profesionales o las unidades de competencia recogidas en estas, independientemente de su vía de adquisición, bien sea través de la vía formativa, o mediante la experiencia laboral o vías no formales de formación.

- Favorecer, tanto a nivel nacional como europeo, la transparencia del mercado de trabajo.

- Contribuir a la calidad de la oferta de Formación Profesional.

Este libro

El presente libro desarrolla el Módulo Formativo denominado *Metodología de empleo con apoyo en la inserción sociolaboral de personas con discapacidad,* MF1036_3.

Dicho módulo formativo está asociado a la Unidad de Competencia UC1036_3, perteneciente a las Cualificación Profesional de referencia SSC323_3, de nivel 3, incluida en el Certificado Profesional *Inserción laboral de personas con discapacidad,* dentro de la familia profesional Servicios Socioculturales y a la Comunidad.

Según el Real Decreto 721/2011, de 20 de mayo, los contenidos que en esta obra se recogen se corresponden con una duración de 90 horas.

Tanto la estructura como el desarrollo del libro se ajustan al citado real decreto y más concretamente a los contenidos de la Unidad Formativa que le da título *Metodología de empleo con apoyo en la inserción sociolaboral de personas con discapacidad,* MF1036_3.

Contenidos

1. **Proceso de Inserción laboral de personas con discapacidad.**
   — Función psicosocial del trabajo.
   — Necesidades y dificultades para la inserción laboral asociadas al colectivo de Intervención.
   — El proceso inserción. Itinerarios de inserción laboral para personas con discapacidad.

2. **Aplicación de la entrevista prelaboral.**
   — Definición y objetivos.
   — Enfoque/estilo.
   — Estructura de la entrevista:
     • Fases de la entrevista.
     • Tipos de preguntas.
   — Contenidos de la entrevista:
     • En relación con el usuario.
     • En relación con la familia.

— Recogida de información.

3. **Desarrollo del modelo de empleo con apoyo para personas con discapacidad**
   — Marco conceptual:
     • Definición y finalidad.
     • Principios y valores
     • Orígenes del ECA.
     • El ECA en España. Desarrollo y situación actual.
     • Regulación del empleo con apoyo.
   — El modelo de ECA en comparación con otras prácticas de empleo para personas con discapacidad.
   — Beneficios del empleo con apoyo:
     • Para la persona con discapacidad.
     • Para la empresa.
     • Para la sociedad en general.

4. **Utilización del empleo con apoyo como proceso dinámico centrado en la persona.**
   — Fases escritas en el modelo de buenas prácticas de la EUSE (Unión Europea de Empleo con Apoyo):
     • Introducción al servicio de empleo con apoyo.
     • Trazado de un perfil profesional.
     • Búsqueda de empleo.
     • Implicación de la empresa.
     • Dotación de apoyos dentro y fuera del puesto de trabajo.
     • Adaptaciones del modelo de ECA según el colectivo de intervención.

5. **Descripción de los agentes implicados en el empleo con apoyo:**
   — Agentes intervinientes.
     • La persona con capacidades diversas.
     • La empresa.

- Los apoyos naturales
- El preparador laboral: perfil profesional. Funciones.
— Deontología profesional:
  - Código ético para profesionales del empleo con apoyo.

6. Gestión del equipo interdisciplinar.
— Definición, características del trabajo en equipo.
— Organización y coordinación entre los miembros.
— Ventajas y dificultades del trabajo en equipo.

Nota del editor

En Ediciones Paraninfo estamos comprometidos con la calidad de la formación e intentamos que nuestros materiales, respondan fielmente y con rigor a las necesidades de todos cuantos confían en nuestro sello editorial.

Tratamos de dar respuesta a los currículos de las unidades formativas y de los módulos que integran los distintos Certificados Profesionales, equilibrando la parte teórica con la práctica para que los procesos de aprendizaje se conviertan en experiencias gratificantes tanto para docentes como para las personas inmersas en los procesos formativos.

Contribuir de forma decisiva a afianzar aprendizajes, ayudar a adquirir destrezas que tengan significado para el empleo y conseguir potenciar el desarrollo personal es nuestra mayor satisfacción como editores.

Para lograrlo contamos con excelentes autores, expertos en las materias que abordan, en la mayoría de los casos docentes de dichas especialidades con dilatada experiencia profesional y académica, porque buscamos perfiles familiarizados con los contextos laborales concretos a los que se refieren nuestros manuales.

Confiamos en poder serte de ayuda y esperamos tus impresiones acerca de nuestro trabajo. Sean positivas o negativas, serán muy bien recibidas y, sin duda, nos ayudarán a seguir mejorando y trabajando con ilusión para continuar siendo un referente en formación para el empleo.

Agradecemos tu confianza en nuestros manuales. Todo nuestro equipo queda a tu total disposición. Puedes contactar con nosotros en esta dirección de correo electrónico: info@paraninfo.es.

1. Proceso de inserción laboral de personas con discapacidad

Contenido

La integración sociolaboral de las personas con discapacidad supone un reto en la sociedad actual ya que, aunque se han realizado grandes avances en los últimos años en lo relativo al diseño e implementación de programas de inserción, aún existen barreras que obstaculizan la normalización.

La *inserción laboral* es un término que se utiliza generalmente para referirse al proceso de incorporación a la actividad económica de las personas. En ocasiones, se utilizan otros conceptos similares como inserción profesional o transición a la vida activa. La inserción laboral puede entenderse como «*el periodo en el que la persona prepara, busca y se acomoda en una situación laboral*» (Donoso Vázquez, 2000).

Los procesos de inserción laboral están íntimamente relacionados con los de integración social, ya que conseguir un empleo implica alcanzar un estatus de persona adulta, adquisición de nuevos roles en la sociedad e independencia económica. Por ello, habitualmente se habla de procesos de inserción sociolaboral.

Para facilitar la integración de las personas con discapacidad en entornos laborales ordinarios, se han desarrollado diferentes servicios y proyectos de inserción laboral, los cuales siguen con frecuencia la metodología de empleo con apoyo.

El objetivo del proceso de inserción laboral de las personas con discapacidad es fomentar el empleo de este colectivo en empresas normalizadas (mercado laboral ordinario) en las mismas condiciones que el resto de los trabajadores.

Las iniciativas para promover la integración laboral de las personas con discapacidad se agrupan en dos categorías:

- Iniciativas de empleo protegido:

  - Centros Especiales de Empleo, regulados en el Real Decreto 2273/1985 y el Real Decreto 469/2006.

  - Centros ocupacionales.

  - Enclaves laborales, regulados en el Real Decreto 290/2004. Los enclaves laborales son una medida de tránsito entre el empleo protegido y el ordinario.

- Políticas destinadas a la incorporación en el mercado de trabajo ordinario:

  - Metodología de empleo con apoyo, regulado por el Real Decreto 870/2007.

  - Cuota de reserva de plazas para personas con discapacidad en las Administraciones públicas (5 %) y en las empresas con más de cincuenta trabajadores (2 %), según la Ley General de derechos de las personas con discapacidad y de su inclusión social.

  - Iniciativas para el fomento del autoempleo.

  - Incentivos económicos a las empresas para fomentar la contratación de personas con discapacidad.

La finalidad de los procesos de inserción laboral de personas con discapacidad es facilitar la transición desde el empleo protegido al empleo ordinario, para asegurar su integración sociolaboral de la manera más normalizada posible.

Existe una serie de factores favorecedores de los procesos de inserción laboral de personas con discapacidad. Según Pallisera, Fullana y Vila (2005) estos factores que inciden en el éxito del proceso de inserción laboral son:

- Apoyo familiar que recibe la persona con discapacidad.

- Colaboración entre la familia y el servicio de inserción laboral.

- Apoyo ofrecido por el preparador laboral.

- Formación previa del trabajador (aprendizajes funcionales básicos, habilidades laborales, formación específica para el desempeño del puesto de trabajo, conocimientos de carácter sociopersonal, etcétera).

- Características del entorno laboral.

1.1. Función psicosocial del trabajo

El acceso al mundo laboral es un medio muy eficaz para favorecer la integración social y la vida autónoma de todas las personas, incluyendo a las personas que presentan algún tipo de discapacidad.

El trabajo es un fenómeno psicosocial, ya que proporciona un rol activo en la sociedad, permitiendo a las personas con discapacidad dejar de ser receptores pasivos de determinados servicios comunitarios, sociales o económicos.

Habitualmente, se considera que la principal función del trabajo es la relacionada con los ingresos económicos. Estos ingresos permiten a las personas tener independencia y/o seguridad económica, lo que les proporciona la capacidad para formar una vida propia independiente de la familia. Sin embargo, el empleo cumple otras funciones psicosociales de gran importancia, como:

- Ayuda a la construcción de la identidad personal, social y laboral.

- Es una fuente de roles y estatus social.

- Favorece el establecimiento de relaciones sociales: gran parte de las relaciones interpersonales se establecen en los ámbitos laborales, ya que la mayoría de los trabajos implica la necesidad de interactuar con otras personas. Disponer de un empleo previene, por tanto, las situaciones de aislamiento social.

- Aumenta el sentimiento de utilidad y de participación en la sociedad. El empleo supone un contexto de participación, vinculación e interacción comunitaria.

- Mejora de la autoestima y el sentimiento de autorrealización.

- El trabajo es un mecanismo de estructuración del tiempo: el empleo organiza y estructura los horarios de las personas y establece ciclos (semanales, mensuales, anuales, etc.). De esta manera, el trabajo se convierte en el eje vertebrador de los ritmos y rutinas diarias.

- Oportunidad para desarrollar habilidades y destrezas de diversa índole (sociales, técnicas, personales, etcétera).

- Medio de transmisión de normas, creencias y expectativas sociales.

- Establecimiento de una actividad regular y obligatoria, que actúa como marco de referencia para la vida de las personas.

Marie Jahoda inició el estudio de las funciones no económicas del trabajo. Jahoda (1982) propuso un modelo en el que distinguía entre las funciones manifiestas y las funciones latentes del empleo. Las funciones del empleo serían:

- Funciones manifiestas:

  - Salario.

  - Condiciones de trabajo.

- Funciones latentes:

  - El empleo impone una estructura del tiempo.

  - El empleo implica regularmente experiencias compartidas y contactos con la gente fuera del núcleo familiar.

- El empleo vincula al individuo a metas y propósitos que rebasan el propio yo.
- El empleo proporciona un estatus social y clarifica la misma identidad personal.
- El empleo requiere una actividad habitual y cotidiana.

Todas estas funciones psicosociales del trabajo ponen de manifiesto que carecer de un empleo puede tener múltiples consecuencias negativas, como:

- Falta de integración y aislamiento social.
- Pérdida de autoconfianza y autoestima.
- Desestructuración de la actividad diaria.
- Sentimientos de frustración y fracaso.
- Discriminación y/o exclusión social.
- Falta de independencia económica y precariedad.
- Reducción de la calidad de vida.
- Insatisfacción.
- Etcétera.

1.2. Necesidades y dificultades para la inserción laboral asociadas al colectivo de intervención

Existe un variado conjunto de impedimentos y obstáculos que dificultan el acceso al mercado laboral ordinario de las personas con discapacidad. Algunas dificultades que pueden obstaculizar la inserción laboral de este colectivo son:

- Barreras sociales: prejuicios y desconocimiento de las capacidades de las personas con discapacidad.
- Dificultades para el acceso a la formación adaptada a sus necesidades y vinculadas al mercado de trabajo. Estas dificultades pueden deberse a factores como:
  - Abandono temprano de las enseñanzas de régimen general.
  - Barreras de accesibilidad que dificultan o impiden el acceso a determinados estudios superiores.

- Actitudes familiares, como la sobreprotección, que generan inseguridad en las personas con discapacidad e influyen negativamente en sus decisiones acerca de la continuación de sus estudios.
- Falta de adaptación y recursos en las enseñanzas generales para favorecer la inclusión de las personas con discapacidad (especialmente, en el caso de las personas con discapacidad sensorial).

– Problemas de accesibilidad a los entornos laborales. Estas barreras pueden ser de diferentes tipos: arquitectónicas y espaciales, de transporte, de comunicación, de acceso a la información, etcétera.

Debido a la existencia de estas dificultades, las personas con discapacidad presentan necesidades específicas que condicionan su inserción laboral, como:

– Recibir formación específica y vinculada al mercado laboral que se adapte a sus necesidades específicas (dependiendo del tipo de discapacidad).

– Supresión de barreras de accesibilidad (arquitectónicas, de comunicación...) de acceso a los entornos formativos y laborales.

– Adaptación de puestos de trabajo, mediante los ajustes y las ayudas técnicas necesarias.

– Acciones de sensibilización que eliminen las barreras sociales (prejuicios, actitudes negativas, desconocimiento de las características de la discapacidad, etcétera).

– Acciones de acompañamiento y orientación en el proceso de inserción laboral.

1.3. El proceso inserción. Itinerarios de inserción laboral para personas con discapacidad

Las personas con discapacidad, como se ha comentado anteriormente, se enfrentan a diversas dificultades en el acceso y mantenimiento de un puesto de trabajo. Por ello, es necesario desarrollar programas de inserción laboral que den respuesta a las necesidades específicas de este colectivo y que se basen en una metodología centrada en la persona (itinerarios de inserción personalizados).

Los itinerarios de inserción son un conjunto de acciones desarrolladas para mejorar la empleabilidad de la persona y lograr su inserción sociolaboral.

Estas acciones se establecen de mutuo acuerdo con la persona usuaria en función de los resultados de una evaluación (diagnóstico de la situación inicial).

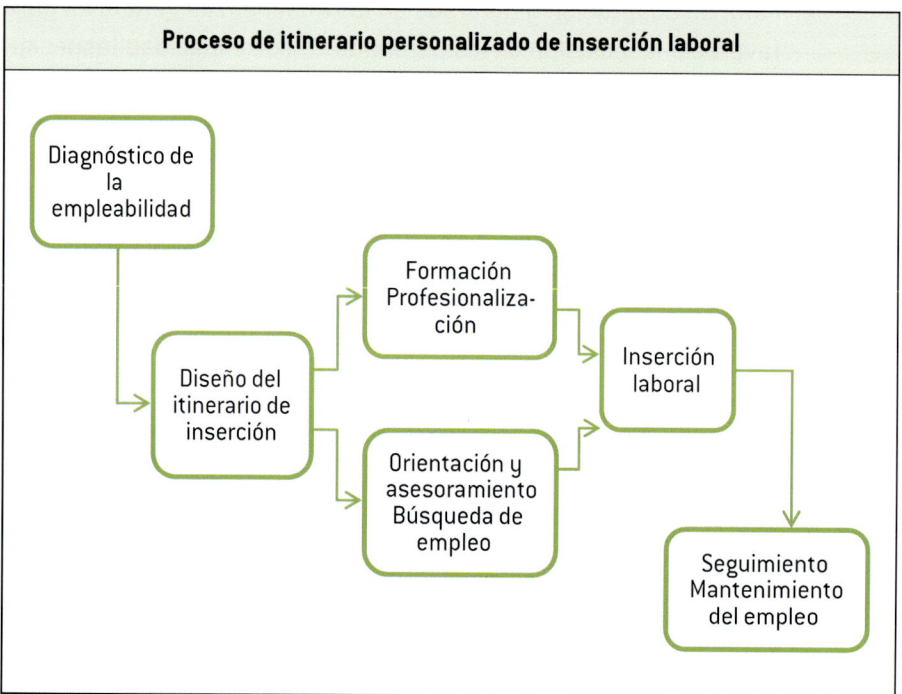

Proceso de itinerario personalizado de inserción laboral

- Diagnóstico de la empleabilidad
- Diseño del itinerario de inserción
- Formación Profesionalización
- Orientación y asesoramiento Búsqueda de empleo
- Inserción laboral
- Seguimiento Mantenimiento del empleo

El desarrollo de itinerarios de inserción se realiza, generalmente, en cinco fases:

- Fase de acogida:

    En esta fase se lleva a cabo una primera toma de contacto, indagando sobre las necesidades y expectativas de la persona usuaria. Resulta imprescindible implicar a la persona usuaria en el proceso, ya que debe estar comprometida con el itinerario de inserción y participar activamente para la consecución de los objetivos propuestos. Las funciones de esta fase son: realizar una primera toma de contacto e informar sobre el programa de inserción laboral y sus características.

- Fase de diagnóstico y análisis:

    En esta etapa, se recoge la información necesaria para definir la situación de partida y establecer el itinerario de inserción. Mediante diferentes técnicas de recogida de información (entrevistas, cuestionarios, observación directa, etc.) se valoran diferentes aspectos:

- Condiciones personales.
- Datos formativos y laborales.
- Motivación.
- Actitud ante el empleo.
- Habilidades y destrezas generales, sociales y personales.
- Habilidades para la búsqueda de empleo.
- Otras variables.

  – <u>Fase de definición del itinerario:</u>

Tras el análisis de la información recogida en la fase anterior, se lleva a cabo la entrevista de devolución y compromiso. En esta fase, se formulan los objetivos a alcanzar y se establece el itinerario de inserción más adecuado para cada persona, articulándose el conjunto de programas, técnicas, estrategias y actividades que se llevarán a cabo para mejorar las condiciones de acceso al mercado laboral.

En el diseño de los itinerarios de inserción deben tenerse en cuenta los siguientes aspectos:

- Los itinerarios deben ser flexibles, permitiendo adaptaciones a nuevas circunstancias o a cambios en la persona y/o su contexto.
- Los itinerarios deben ser evaluables, incluyendo indicadores de logro/éxito.
- Es necesario detallar las áreas de intervención, las actividades programadas y la temporalización de las mismas.
- Deben tener delimitados los objetivos a alcanzar a corto, medio y largo plazo.
- Deben describir tareas y acciones concretas, así como los resultados esperados de cada una de ellas.

  – <u>Fase de desarrollo del itinerario:</u>

Dependiendo de las necesidades específicas de cada persona, se desarrollarán las estrategias y actividades programadas. Estas acciones pueden ser de diversa índole, como:

- Acciones de asesoramiento y orientación laboral:
  - Conocimiento del mercado de trabajo.

- Conocimiento de los recursos públicos y privados de empleo.

- Técnicas de búsqueda de empleo.

- Estrategias de autoconocimiento.

- Definición del objetivo profesional.

- Información laboral (tipos de contrato, nóminas, etcétera).

- Otras acciones de orientación.

- Acciones de formación en diferentes áreas:

  - Aprendizajes transversales.

  - Habilidades generales, sociales y personales.

  - Motivación y actitudes.

  - Conocimientos específicos para el desarrollo de un determinado puesto de trabajo.

  - Talleres prelaborales.

  - Desarrollo de competencias laborales, personales y sociales.

  - Otras acciones formativas.

- <u>Fase de seguimiento y mantenimiento:</u>

Los itinerarios de inserción deben contemplar una fase de seguimiento del proceso para asegurar el mantenimiento del empleo. Los principales objetivos de esta fase son:

- Apoyar y motivar a la persona usuaria.

- Llevar a cabo acciones de acompañamiento en el puesto de trabajo.

- Detectar situaciones que puedan afectar negativamente al empleo.

- Desarrollar y potenciar habilidades para el manejo de las incidencias habituales ocurridas en los puestos de trabajo.

- Fomentar la autonomía de la persona usuaria.

Itinerarios de inserción laboral: áreas de intervención		
	Áreas	**Ejemplos de actividades**
Asesoramiento y orientación laboral	Información sobre mercado laboral	– Examinar ofertas de empleo para analizar los requisitos que establecen las empresas. – Analizar planes de estudio. – Analizar convenios colectivos. – Solicitar información a asociaciones profesionales y/o sindicales.
	Técnicas de Búsqueda Activa de Empleo	– Diseño y elaboración de currículums y cartas de presentación. – Uso adecuado de las nuevas tecnologías en la búsqueda de empleo (portales de empleo, redes sociales, etcétera). – Inscripción a ofertas de empleo. – Envío de autocandidaturas. – Planificación de acciones de búsqueda de empleo y registro de las mismas. – Entrenamiento para afrontar procesos de selección.
	Objetivo profesional	– Actividades de autoconocimiento (análisis de las propias habilidades y capacidades). – Repaso del historial profesional (formativo y laboral). – Análisis de ocupaciones deseadas (perfil, requisitos, etcétera). – Identificación de ocupaciones deseadas que coincidan con el perfil.
Formación	Cualificación profesional	– Identificar los requisitos de cualificación del objetivo profesional (preferencias y puestos deseados). – Identificar las carencias formativas. – Establecer itinerarios formativos. – Utilizar los recursos formativos disponibles de manera adecuada. – Apoyo al estudio.
	Habilidades sociales y personales	– Realizar actividades para desarrollar habilidades sociales y personales: comunicación verbal y no verbal, relaciones interpersonales, comprensión y expresión de emociones, toma de decisiones, resolución de conflictos, etcétera. – Refuerzo de conductas adecuadas. – Realizar *role-playings* sobre situaciones reales en el ámbito laboral.
	Motivación y actitudes	– Valoración de las actitudes frente al empleo. – Análisis de las creencias y opiniones sobre la importancia del empleo. – Análisis de la motivación para buscar un empleo y para conseguir un trabajo.

ANEXO. EJEMPLO DE FICHA DE INTINERARIO DE INSERCIÓN LABORAL

Nombre		Dirección	
Apellidos		Teléfono	
DNI		*E-mail*	
Fecha de nacimiento		Nacionalidad	
Fecha		Técnico	

Valoraciones realizadas	
Tipo de valoración	Fecha

Agentes que han participado en el diseño del plan de inserción	
Nombre y apellidos	Entidad o vínculo con la persona

Esquema del plan de inserción (plan de trabajo pactado)

Detalle del plan de inserción (plan de trabajo pactado)

Área de intervención	Objetivo	Acciones	Indicadores de éxito	Periodo previsto	Apoyos: tipo, frecuencia, intensidad, duración, persona que lo presta...

RESUMEN

- La *inserción laboral* es un término que se utiliza generalmente para referirse al proceso de incorporación a la actividad económica de las personas. En ocasiones se utilizan otros conceptos similares como inserción profesional o transición a la vida activa.

- Los procesos de inserción laboral están íntimamente relacionados con los de integración social, por lo que habitualmente se habla de procesos de inserción sociolaboral.

- El objetivo del proceso de inserción laboral de las personas con discapacidad es fomentar el empleo de este colectivo en empresas normalizadas (mercado laboral ordinario) en las mismas condiciones que el resto de los trabajadores.

- Las iniciativas para promover la integración laboral de las personas con discapacidad se agrupan en dos categorías: iniciativas de empleo protegido (centros especiales de empleo, centros ocupacionales y enclaves laborales) y políticas destinadas a la incorporación en el mercado de trabajo ordinario (entre las que se encuentra la metodología de empleo con apoyo).

- El trabajo proporciona un rol activo en la sociedad y cumple diferentes funciones psicosociales que van más allá de los beneficios económicos.

- Es necesario desarrollar programas de inserción laboral que den respuesta a las necesidades específicas de las personas con discapacidad y que se basen en una metodología centrada en la persona (itinerarios de inserción personalizados).

- Los itinerarios de inserción son un conjunto de acciones desarrolladas para mejorar la empleabilidad de la persona y lograr su inserción sociolaboral. Estas acciones se establecen de mutuo acuerdo con la persona usuaria, en función de los resultados de una evaluación (diagnóstico de la situación inicial).

- El desarrollo de itinerarios de inserción se realiza, generalmente, en cinco fases: fase de acogida, fase de diagnóstico y análisis, fase de definición del itinerario, fase de desarrollo del itinerario y fase de seguimiento y mantenimiento.

ACTIVIDADES DE AUTOEVALUACIÓN

1.1. Los procesos de inserción laboral están íntimamente relacionados con los de integración...

a) Cultural.

b) Social.

c) Familiar.

1.2. De las siguientes iniciativas para promover la integración laboral de las personas con discapacidad, ¿cuál pertenece a la categoría de «empleo protegido»?

a) Centros especiales de empleo.

b) Metodología de empleo con apoyo.Cuota de reserva de plazas para personas con discapacidad (Ley General de derechos de las personas con discapacidad y de su inclusión social).

1.3. Según el estudio de las funciones no económicas del trabajo de Jahoda, ¿cuál de las siguientes funciones del empleo se considera una función latente?

a) Salario.

b) Condiciones de trabajo.

c) Estatus social.

1.4. ¿Qué debe caracterizar a los itinerarios de inserción laboral para personas con discapacidad?

a) Que sean genéricos.

b) Que sean personalizados.

c) Que estén tipificados.

1.5. ¿Qué actuaciones se llevan a cabo en la primera fase de los procesos de inserción laboral?

a) Se recoge la información necesaria para definir la situación de partida y establecer el itinerario de inserción.

b) Se indaga sobre las necesidades y expectativas de la persona usuaria y se informa sobre el programa de inserción laboral.

c) Se presenta a la persona usuaria el itinerario de inserción prediseñado.

ACTIVIDADES DE APLICACIÓN

1.1. Relaciona cada iniciativa de inserción laboral con la categoría a la que pertenezca:

- Metodología de empleo con apoyo.
- Iniciativas para el fomento del autoempleo.
- Centros especiales de empleo.
- Centros ocupacionales.
- Cuota de reserva de plazas para personas con discapacidad en las Administraciones públicas y en las empresas con más de cincuenta trabajadores.
- Enclaves laborales.
- Incentivos económicos a las empresas para fomentar la contratación de personas con discapacidad.

Categoría: iniciativas de empleo protegido	Categoría: iniciativas de incorporación al mercado de trabajo ordinario

1.2. Enumera cinco funciones psicosociales que cumple el empleo.

1.3. Completa el siguiente esquema con las fases de un itinerario de inserción personalizado para personas con discapacidad:

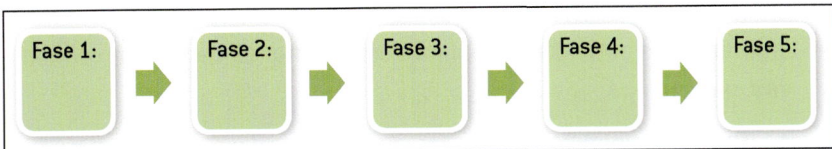

CASO PRÁCTICO

Desarrollo de itinerarios personalizados de inserción sociolaboral

CONTEXTO

Nombre de la persona usuaria: Javier García

Edad: 24 años

Discapacidad: intelectual moderada

Formación: Formación Profesional Básica en Jardinería

Experiencia profesional: sin experiencia profesional previa

Intereses y habilidades:

- Javier muestra un gran interés por las actividades al aire libre y la naturaleza.

- Tiene conocimientos básicos sobre el cuidado de plantas, uso de herramientas de jardinería y mantenimiento de jardines.

- Es una persona amable y con buena disposición para el trabajo en equipo, aunque necesita apoyo para seguir instrucciones complejas y organizar sus tareas de manera autónoma.

Red de apoyo:

- Vive con sus padres, quienes están muy comprometidos con su proceso de inserción laboral.

- Asiste regularmente a un centro de día donde participa en actividades recreativas y formativas.

ACTIVIDADES

1. Evaluación del caso: analiza el contexto de Javier y describe las fortalezas y desafíos que presenta para su inserción laboral.

2. Diseño del itinerario: desarrolla un plan de inserción laboral detallado, ajustando las actividades y objetivos a las necesidades específicas de Javier, que incluya:

   - Objetivos generales

   - Objetivos específicos

- Actividades asociadas a cada objetivo

- Indicadores de resultado

- Resultados esperados

- Plazos

3. Descripción de las acciones concretas para informar y formar a la familia de Javier, fomentando su participación activa en el proceso.

4. Condiciones de aplicación: describir las condiciones necesarias para aplicar con éxito las acciones informativas y formativas, asegurando la accesibilidad y efectividad del plan.

GLOSARIO

- **Barreras de accesibilidad:** obstáculos que impiden o dificultan el acceso de personas con discapacidad a entornos físicos, servicios, productos, información y comunicación.

- **Empleabilidad:** conjunto de habilidades, conocimientos y actitudes que aumentan la capacidad de una persona para conseguir y mantener un empleo adecuado.

- **Empleo:** actividad que realiza una persona a cambio de una remuneración económica, bajo condiciones acordadas con un empleador.

- **Empleo ordinario:** trabajo en el mercado laboral regular, sin apoyos específicos para personas con discapacidad u otros colectivos vulnerables.

- **Empleo protegido:** trabajo realizado en entornos específicamente diseñados para personas con discapacidad o necesidades especiales, que ofrecen apoyos y adaptaciones adecuadas.

- **Itinerario de inserción:** plan personalizado de acciones y recursos diseñados para mejorar la empleabilidad y facilitar la integración laboral de una persona.

- **Integración sociolaboral:** proceso mediante el cual una persona se incorpora de manera efectiva y sostenible al mercado laboral y a la vida social, alcanzando una participación plena.

- **Orientación laboral:** asesoramiento y apoyo proporcionado a individuos para ayudarlos a tomar decisiones informadas sobre su carrera profesional, buscar empleo y desarrollar habilidades laborales.

MAPA CONCEPTUAL

PROCESO DE INSERCIÓN LABORAL DE PERSONAS CON DISCAPACIDAD		
FUNCIÓN PSICOSOCIAL DEL TRABAJO	**INSERCIÓN LABORAL DE PERSONAS CON DISCAPACIDAD: NECESIDADES Y DIFICULTADES ESPECÍFICAS**	**PROCESO DE INSERCIÓN: ITINERARIOS PERSONALIZADOS**

FUNCIÓN PSICOSOCIAL DEL TRABAJO

— Funciones manifiestas:
  · Salario
  · Condiciones de trabajo
— Funciones latentes:
  · Estructura del tiempo
  · Experiencias compartidas y contactos
  · Metas y propósitos que rebasan el propio yo
  · Estatus social e identidad personal
  · Actividad habitual y cotidiana

INSERCIÓN LABORAL DE PERSONAS CON DISCAPACIDAD: NECESIDADES Y DIFICULTADES ESPECÍFICAS

Salvar barreras:
— Sociales
— Acceso a la formación
— Accesibilidad

PROCESO DE INSERCIÓN: ITINERARIOS PERSONALIZADOS

1. Diagnóstico de la empleabilidad
2. Diseño del itinerario de inserción
3. Formación/orientación/ asesoramiento/ búsqueda de empleo
4. Inserción laboral
5. Seguimiento/ mantenimiento del empleo

2. Aplicación de la entrevista prelaboral

Contenido

Los proyectos de inserción sociolaboral de personas con discapacidad requieren un tratamiento individualizado en el que se tengan en cuenta las potencialidades y necesidades de cada persona, su entorno familiar y social, etc., a la hora de diseñar y adoptar un itinerario de inserción.

La metodología de empleo con apoyo se sustenta en la información recogida mediante las entrevistas prelaborales.

Cualquier actuación encaminada a la búsqueda de empleo y a la integración laboral debe partir de un diagnóstico claro de la situación inicial de la persona usuaria. Por ello, es fundamental la realización de las entrevistas prelaborales que permiten analizar las características y circunstancias de la persona y su entorno y poder así elaborar y consensuar un itinerario de inserción laboral.

2.1. Definición y objetivos

La entrevista prelaboral es un elemento crucial para garantizar la adecuación del proceso de inserción laboral. Esta entrevista permite conocer la situación sociolaboral de la persona con discapacidad, analizando su nivel de empleabilidad e identificando elementos como:

- Expectativas y necesidades percibidas por el usuario.

- Problemática y/o barreras con las que se enfrenta.

- Necesidades y carencias a tratar.

- Signos que ponen de manifiesto situaciones de vulnerabilidad y riesgo de exclusión del mercado laboral.

- Potencialidades, capacidades y factores facilitadores de la persona.

Los objetivos de la entrevista prelaboral son:

- Elaborar un perfil profesional: analizando las competencias, conocimientos, destrezas, actitudes, etc., de la persona usuaria.

- Realizar un diagnóstico de la situación de la persona (entorno familiar, situación socioeconómica, participación comunitaria, etcétera).

- Identificar los factores facilitadores y obstaculizadores del proceso de inserción y la integración en el mercado laboral.

- Identificar los sectores de interés y la situación del mercado laboral en los mismos.

- Establecer prioridades y necesidades de intervención.

2.2. Enfoque/estilo

Las entrevistas pueden dividirse en dos grandes grupos en función del enfoque: entrevista curricular o entrevista por competencias.

Entrevista curricular:

En este tipo de entrevista, el entrevistador revisa la trayectoria formativa y/o laboral de la persona usuaria a través de la realización de preguntas abiertas o cerradas.

Generalmente, se utiliza el currículum de la persona como guía para ir contrastando y ampliando la información y así recabar los datos necesarios sobre el perfil profesional de la persona usuaria.

Entrevista por competencias:

Este tipo de entrevista se centra en identificar las competencias de la persona, ya sean competencias transversales o específicas para algunos puestos de trabajo.

Las competencias son aquellas características personales que diferencian a las personas con un desempeño superior en su puesto de trabajo y que se demuestran mediante conductas observables y evaluables.

Para valorar las competencias, se realizan preguntas acerca de situaciones reales vividas en el pasado y se analiza cómo actuó la persona ante ellas. Es importante que las situaciones planteadas sean reales y no hipotéticas, ya que en este último caso se estarían analizando los comportamientos y actitudes que la persona considera adecuados, no los que realmente pondría en marcha.

El objetivo de este tipo de entrevistas es recoger la máxima información posible sobre las competencias que la persona ha puesto en juego en algún momento para afrontar y/o resolver determinadas situaciones. De esta manera, se puede determinar el perfil competencial y valorar el grado de idoneidad para diferentes puestos de trabajo.

> Las competencias son un conjunto de comportamientos observables que incluyen conocimientos, habilidades, actitudes y valores que predicen un nivel adecuado o superior de desempeño en un puesto de trabajo. Para tener un rendimiento adecuado, no es suficiente con poseer los conocimientos necesarios (saber), además hay que ser capaz de aplicar esos conocimiento (saber hacer) y tener la actitud adecuada (querer hacer).

Por ejemplo, si se desea valorar la capacidad de trabajar en equipo, podrían realizarse preguntas como: «Cuéntame una situación en la que tuviste que hacer una actividad con otras personas. ¿Qué tarea era? ¿Cuál fue tu papel? ¿Cómo os organizasteis? ¿Te asignaron las tareas sin preguntarte tus preferencias o tú elegiste qué querías hacer? ¿Ayudaste a los otros miembros del equipo? ¿Pediste ayuda si la necesitabas?, etcétera».

Tipos de entrevistas

Además de la clasificación expuesta anteriormente, las entrevistas también pueden dividirse en:

- Entrevista estructurada: el entrevistador determina con anterioridad al inicio de la entrevista qué preguntas realizará, estableciendo un guion secuenciado que dirigirá el ritmo de la entrevista.

- Entrevista no estructurada o libre: este tipo de entrevista no requiere un guion previo. Se van realizando preguntas abiertas, sin un orden preestablecido. El entrevistador tiene una idea general de las preguntas que va a realizar, pero va improvisando las cuestiones en función del tipo y características de las respuestas.

- Entrevista semiestructurada: se trata de una combinación de los dos tipos de entrevistas anteriores. Se determina previamente qué información se pretende conseguir y se establece un guion de preguntas para recabarla. Sin embargo, el guion es flexible y también se formulan preguntas abiertas, dando oportunidad a recibir más matices de respuesta y a desviar, si fuera oportuno y de manera transitoria, el curso de la entrevista.

	Ventajas	Inconvenientes
Entrevista estructurada	– La evaluación es más objetiva. – Se reduce la posibilidad de no recabar información relevante. – Su realización es más rápida.	– Requiere mayor tiempo de preparación. – Se reducen las respuestas espontáneas. – Una excesiva estructuración puede no ser adecuada para todas las situaciones.
Entrevista no estructurada	– Es más flexible. – Pueden explotarse áreas que surgen espontáneamente durante la entrevista. – Puede recogerse información sobre áreas relevantes que no se tuvieron en cuenta previamente.	– Es más difícil controlar los tiempos de respuesta. – Son menos objetivas (puede haber sesgos del entrevistador). – Puede no recopilarse información relevante y recogerse datos innecesarios. – El análisis de la información recogida es más laborioso. – En entrevistador debe ser muy experimentado.

Las entrevistas prelaborales con personas con discapacidad son, general-mente, estructuradas. Esto es debido a la mayor facilidad que aporta este tipo de entrevistas para recabar la información que el entrevistador o prepara-dor laboral desea obtener. Además, realizar preguntas cerradas y con un alto nivel de estructuración favorece la comprensión y la emisión de respuestas de algunas personas de este colectivo (por ejemplo, personas con discapaci-dad intelectual).

2.3. Estructura de la entrevista

En las entrevistas laborales, pueden diferenciarse tres momentos:

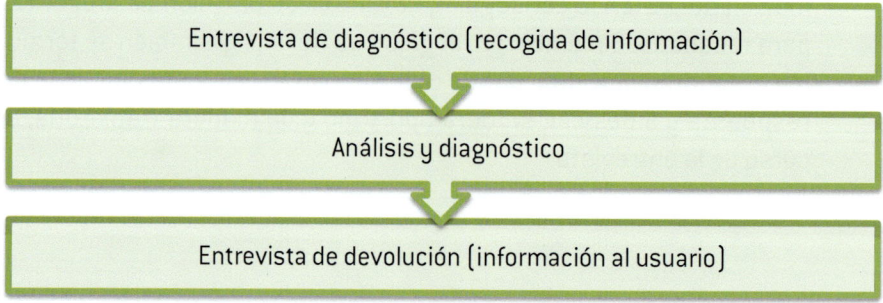

a) <u>Recogida de datos e información relevante mediante una entrevista estructurada (entrevista de diagnóstico)</u>

El objetivo de esta fase es recoger información acerca de:

- Destrezas, conocimientos y competencias de la persona.

- Habilidades sociales y personales.

- Predisposición del usuario a participar y voluntad para mejorar y conseguir un empleo.

- Situación social, personal y familiar.

- Expectativas y preferencias.

En esta fase resulta imprescindible fomentar la confianza y el compromiso de la persona con discapacidad en el proceso de inserción sociolaboral. Por ello, el preparador laboral debe utilizar la empatía y la escucha activa, para comprender la situación concreta y construir un vínculo con la persona con discapacidad.

b) <u>Análisis de la información obtenida y realización de un diagnóstico</u>

El diagnóstico sirve de base para elaborar un plan de inserción personalizado cuyo objetivo sea la mejora de la situación sociolaboral de las personas con discapacidad.

c) <u>Información al usuario del resultado del diagnóstico (entrevista de devolución)</u>

En esta fase, el preparador laboral debe informar al usuario de las necesidades detectadas, las potencialidades y la propuesta de intervención. Asimismo, debe permitirse al usuario expresar su percepción de la situación y consensuar una propuesta de intervención.

2.3.1. Fases de la entrevista

La estructura general de una entrevista es:

Planificación → Acogida → Desarrollo → Cierre

a) Planificación:

De manera previa a la realización de cualquier entrevista, se debe realizar una planificación de la misma en la que se detallen:

- Objetivos de la entrevista.

- Aspectos y temas a abordar e información específica a recabar.

- Listado de preguntas a formular y secuenciación de las mismas (guion de la entrevista).

Además, se debe analizar detenidamente la información que ya se dispone de la persona que va a ser entrevistada.

b) Acogida:

En este primer momento, el entrevistador debe realizar una primera toma de contacto y generar un clima de confianza que facilite la comunicación con la persona usuaria.

El objetivo principal es lograr que la persona usuaria se sienta cómoda en presencia del entrevistador o preparador laboral y tenga una buena predisposición para colaborar y hablar fuera de cualquier tipo de inhibiciones.

El entrevistador tiene la responsabilidad de hacer que la persona no se sienta juzgada o criticada, sino comprendida y tranquila. Para ello, se recomienda mantener un contacto visual apropiado, una postura relajada y centrada en la persona entrevistada, utilizar un lenguaje ajustado a las características de la persona, escuchar activamente y mostrar empatía.

c) Desarrollo de la entrevista:

Este es el núcleo de la entrevista, ya que es el momento en el que se recaba la mayor parte de la información necesaria. El entrevistador debe marcar el ritmo de la entrevista, formulando las preguntas oportunas y dirigiendo a la persona para obtener la información necesaria.

d) Cierre:

Para realizar el cierre de la entrevista, se debe dar información acerca de las siguientes fases o acciones a realizar y preguntar a la persona si tiene alguna duda o consulta que realizar.

2.3.2. Tipos de preguntas

Las preguntas pueden formularse de manera abierta o cerrada, dependiendo del tipo de respuesta que se quiera obtener (cantidad de información, especificidad de la respuesta, etcétera).

Preguntas abiertas

Este tipo de cuestiones son usadas para recoger información amplia y no pueden responderse con un «sí» o un «no». Con este tipo de preguntas puede obtenerse más información y mayor riqueza de detalles en las respuestas. Además, facilitan las conversaciones.

Algunos ejemplos de preguntas abiertas son: ¿qué dificultades puedes encontrarte a la hora de buscar trabajo?, ¿cuáles son tus principales virtudes?, etcétera.

Preguntas cerradas

Las preguntas cerradas se utilizan para recabar información específica. La respuesta a este tipo de preguntas es «sí» o «no» o bien una serie de alternativas cerradas. Estas preguntas, aunque tienden a limitar las conversaciones, son útiles para acotar el número de opciones con rapidez, ya que restringen las posibilidades de respuesta.

Algunos ejemplos de preguntas cerradas son: ¿has trabajado con anterioridad?, ¿cobras alguna prestación económica?, ¿cuántas personas conviven en tu casa?, ¿prefieres trabajar en turno de mañana o de tarde?

2.4. Contenidos de la entrevista

En la entrevista prelaboral deben abordarse dos grandes bloques de contenido: la valoración del entorno y de los aspectos competenciales y actitudinales, y el perfil profesional de la persona.

Generalmente, se recoge en primer lugar la información sobre el entorno y la situación familiar de la persona y, posteriormente, se abordan los aspectos relacionados con el perfil profesional. Esto es debido a que, para recoger esta información más personal, es conveniente haber desarrollado previamente un clima de confianza y un vínculo entre la persona y el preparador laboral.

2.4.1. En relación con el usuario

En relación con el usuario, los principales contenidos de la entrevista son:

- Evaluar sus competencias (transversales y técnicas), destrezas, habilidades, conocimientos, actitudes y aptitudes.

- Identificar la experiencia laboral previa, analizando el tipo de experiencia (funciones, tareas realizadas, habilidades desarrolladas, responsabilidades, etc.), la duración, la continuidad y mantenimiento del empleo, las causas de la finalización del trabajo, etcétera.

- Valorar su nivel de motivación y sus actitudes hacia el trabajo.

- Valorar aspectos relacionados con el autoconcepto, autoestima e imagen personal.

- Valorar los niveles de autodeterminación, autonomía, toma de decisiones y resolución de conflictos.

- Identificar las preferencias y expectativas en relación con el futuro trabajo y su ajuste con la realidad del mercado laboral.

En relación con el usuario, resulta imprescindible recabar información sobre los factores facilitadores y obstaculizadores del proceso de inserción laboral:

- Factores facilitadores:

  - Alto nivel de motivación.

  - Actitud positiva hacia el trabajo.

  - Buenos niveles de autodeterminación, autonomía, toma de decisiones y resolución de conflictos.

  - Autoconcepto positivo vinculado al rol de trabajador y alta autoestima.

  - Desarrollo previo de competencias generales y técnicas.

  - Haber desarrollado habilidades sociales básicas.

  - Existencia de destrezas, habilidades y conocimientos relativos al empleo.

  - Haber participado con éxito de programas formativos u otros procesos de inserción.

- Preferencias y expectativas en relación con el trabajo ajustadas a la realidad del mercado laboral.

- Factores obstaculizadores:

  - Baja autoestima.

  - Desmotivación y actitud negativa hacia el trabajo.

  - Bajos niveles de autodeterminación, autonomía, toma de decisiones y/o resolución de conflictos.

  - Inexistencia de competencias (generales y/o técnicas), destrezas, habilidades y conocimientos relativos al empleo.

  - Falta de experiencia laboral previa.

  - Haber pasado largos periodos de inactividad (laboral o formativa).

  - Preferencias y expectativas con relación al trabajo desajustadas a la realidad del mercado laboral.

2.4.2. En relación con la familia

La familia puede funcionar como factor facilitador del proceso de inserción laboral, pero también como barrera para el mismo, limitando la autonomía de la persona (por ejemplo, al manifestar comportamientos de sobreprotección hacia la persona con discapacidad o desconfiando de sus capacidades para desempeñar un puesto de trabajo).

Por ello, deben valorarse de manera individual el entorno y las características familiares, culturales, económicas y sociales en las que se encuentra inmersa la persona, así como la relación entre las personas que componen el núcleo familiar (dinámicas de comunicación, formas de interacción, vínculos emocionales, estados de dependencia mutua, etcétera).

En relación con el entorno y la situación familiar, los principales contenidos que se deben abordar en la entrevista prelaboral son:

- Determinar los tipos de apoyos con los que cuenta la persona con discapacidad.

- Identificar las relaciones sociales más significativas.

- Conocer si tiene responsabilidades familiares.

- Determinar qué prestaciones recibe y la importancia de las mismas en su núcleo familiar.

- Detectar necesidades económicas, de vivienda, de movilidad, etcétera.

- Valorar el grado de participación comunitaria.

Durante la entrevista, es necesario indagar sobre los factores facilitadores y obstaculizadores del proceso de inserción laboral relacionados con el entorno familiar:

- Factores facilitadores:

  • Existencia de apoyos familiares adecuados y red próxima de contactos.

  • Participar activamente en actividades de la comunidad.

- Factores obstaculizadores:

  • Recibir prestaciones económicas incompatibles con la actividad laboral.

  • No participar en actividades comunitarias.

  • Inexistencia de apoyos familiares y/o sociales o inadecuación de dichos apoyos.

2.5. Recogida de información

Para la recogida de información, el preparador laboral deberá ir planteando las diferentes cuestiones que se van a tratar, desarrollando una adecuada relación con la persona usuaria mediante la empatía y la escucha activa.

La recogida de información en la entrevista de diagnóstico con personas con discapacidad se recomienda que se realice a través de una entrevista estructurada, combinando preguntas abiertas y cerradas.

En la entrevista se deben abordar los siguientes temas:

- Perfil personal y profesional.

  • Perfil personal:

    ▪ Habilidades personales y sociales.

    ▪ Motivación.

- Autoestima, autoconcepto e imagen personal.
- Intereses personales y preferencias.

- Perfil profesional:

  - Trayectoria formativa.

  - Competencias técnicas: conjunto de conocimientos y destrezas necesarias para el desarrollo de una determinada actividad laboral. Su concreción se deriva del análisis del proceso productivo en los distintos ámbitos específicos de trabajo.

  - Competencias transversales: conjunto de habilidades, capacidades y actitudes que afectan una amplia cantidad de tareas. Estas competencias se desarrollan a través de la experiencia profesional y formativa.

  - Actualización de contenidos.

  - Experiencia previa.

- Habilidades sociolaborales y para la búsqueda de empleo:

  - Conocimientos de técnicas para la búsqueda activa de empleo.

  - Conocimiento del mercado laboral.

  - Comportamiento social en el trabajo.

  - Actitud hacia el empleo.

- Significado y función del empleo:

  - Creencias sobre la importancia del empleo.

  - Creencias sobre los factores más importantes en el acceso al empleo.

  - Disponibilidad y predisposición.

- Entorno social y familiar:

  - Apoyos familiares y red significativa de contactos.

  - Situación socioeconómica del núcleo familiar.

  - Cobro de prestaciones económicas incompatibles con el trabajo.

ANEXO. EJEMPLO DE PROTOLOCO DE ENTREVISTA

Nombre		Dirección	
Apellidos		Teléfono	
DNI		*E-mail*	
Fecha de nacimiento		Nacionalidad	
Fecha		Técnico	

PERFIL PROFESIONAL			
Trayectoria formativa			
Curso / acción formativa	Fecha de inicio	Fecha de finalización	Centro de formación

¿Te interesaría realizar algún tipo de formación?	
Cursos / áreas de interés	

Idiomas				
	Comprensión	Hablado	Escrito	Leído
Inglés				
Francés				
...				
...				

Informática			
Programas	Nivel básico	Nivel medio	Nivel alto
Internet			
Ofimática			
Otros			

Inventario de experiencias profesionales y/o extraprofesionales						
Centro/ empresa	Fecha de inicio	Fecha de finalización	Puesto: tareas y funciones	Trabajo remunerado		Motivo de baja
				Sí	No	

Inventario de competencias		
Competencias técnicas		
Conocimientos	Habilidades/destrezas	Actitudes
Competencias transversales		
Conocimientos	Habilidades/destrezas	Actitudes

PERFIL PERSONAL			
Habilidades personales y sociales	Siempre	A veces	Nunca
¿Cómo te describirías a ti mismo/a?			
¿Cuáles son tus principales virtudes?			
¿Cuáles son tus principales defectos?			
Estabilidad emocional	Siempre	A veces	Nunca
¿Te ponen nervioso/a las situaciones nuevas?			
Ante las dificultades, ¿abandonas lo que estás haciendo?			
¿Tu estado de ánimo cambia fácilmente?			
Ante las dificultades, ¿te mantienes tranquilo/a?			
¿Te sientes triste con frecuencia?			
¿Te sientes alegre con frecuencia?			
¿Te cansas rápidamente de una actividad?			
Ansiedad	Siempre	A veces	Nunca
¿Te preocupas mucho por cosas sin importancia?			
Si tienes algún problema, ¿puedes dormir bien?			
¿Te tomas las cosas con calma?			
¿Tienes facilidad para relajarte?			
¿Te da miedo lo que pueda ocurrir en el futuro?			
Autocontrol	Siempre	A veces	Nunca
Si te llaman la atención, ¿cambias tu comportamiento?			
Ante los problemas, ¿piensas que no puedes soportarlo?			
Cuando te enfadas, ¿consigues tranquilizarte fácilmente?			
Ante las dificultades, ¿te alteras fácilmente?			
Si otras personas opinan diferente, ¿te pones nervioso/a?			
Cuando te enfadas, ¿sueles gritar?			
¿Te importa esperar para conseguir algo?			
Sociabilidad	Siempre	A veces	Nunca
¿Te gusta hablar con la gente?			
¿Te gusta conocer personas nuevas?			

¿Prefieres trabajar solo/a?			
¿Te molesta que la gente te hable?			
En tu tiempo libre, ¿prefieres estar solo/a?			
¿Intentas adaptarte a lo que quieren los demás?			
¿Dices lo que piensas?			
¿Te molesta que te manden o den instrucciones?			
¿Te gusta mandar a los demás?			
Toma de decisiones	Siempre	A veces	Nunca
¿Te cuesta trabajo tomar decisiones?			
¿Prefieres que los demás decidan por ti?			
¿Piensas en las consecuencias antes de tomar una decisión?			
Cuando tienes que elegir, ¿te cuesta decidirte?			
Apertura al cambio	Siempre	A veces	Nunca
¿Te gusta hacer o probar cosas nuevas?			
¿Estás dispuesto/a a cambiar tu comportamiento para mejorar?			
¿Te cuesta cambiar tus planes?			
¿Te gusta hacer las cosas siempre de la misma manera?			
Si una solución no funciona, ¿la sigues intentando?			

Motivación		
¿Por qué quieres tener un trabajo?	Sí	No
Para tener dinero y/o independencia económica de mi familia		
Para conocer a otras personas y relacionarme		
Para poner en práctica mis conocimientos y destrezas		
Para sentirme útil para la sociedad		
Para tener éxito y ser reconocido socialmente		
Para aprender cosas nuevas		
Para afrontar nuevos retos		
Para ser dueño/a de mi propia vida		
Para no aburrirme		
Por exigencias familiares		
Otros motivos:		

Continúa en la página siguiente

Autoestima, autoconcepto e imagen personal		
	Sí	No
¿Te sientes orgulloso/a de tus cualidades?		
¿Confías en tus posibilidades para realizar un trabajo?		
¿Tus opiniones son igual de válidas que las del resto de personas?		
¿Tu familia y amigos valoran tus opiniones y respetan tus decisiones?		
¿Puedes resolver los problemas del día a día por ti mismo/a?		
¿Estás capacitado/a para trabajar?		
¿Eres capaz de tomar tus propias decisiones?		

Intereses personales y preferencias	
Tareas que hago y me gustan	Profesiones con las que están relacionadas

¿De qué te gustaría trabajar?	
¿Qué trabajo no te gustaría desempeñar?	
¿Estarías dispuesto/a a trabajar en alguna ocupación distinta a tu profesión habitual o experiencia laboral previa?	

Intereses ocupacionales			
De las siguientes tareas, ¿cuál prefieres?	Me gustan mucho	Me gustan algo	No me gustan
Tareas técnicas o trabajos manuales: reparaciones, restaurar objetos, arreglos, etcétera.			
Tareas sociales: cuidar a otras personas, jugar con niños o acompañarles en excursiones o tareas, atender a personas, organizar eventos, etcétera.			
Tareas administrativas: realizar labores administrativas, realizar gestiones, manejar programas informáticos, controlar documentos como recibos o cheques, etcétera.			

Tareas comerciales: vender diferentes tipos de productos o servicios.			
Tareas científicas o tecnológicas: manejo de productos químicos, realizar cálculos matemáticos, formular hipótesis y comprobarlas, trabajos relacionados con las ciencias naturales, física, química y/o tecnología, etcétera.			
Tareas artísticas: hacer manualidades, dibujar, decorar, coser, cocinar, tocar instrumentos, etc.			
Tareas al aire libre: cultivar plantas, criar y cuidar animales, mantener un huerto, etcétera.			
Otros intereses ocupacionales:			

Prioridades y expectativas		
De las siguientes opciones, ¿qué es importante para ti en un trabajo?	Sí	No
Definición rigurosa de las tareas y funciones que hay que realizar		
Seguridad en el empleo		
Posibilidad de desarrollarse		
Empresa cerca del domicilio		
Salario elevado o complementos salariales		
Compañeros de trabajo simpáticos		
Superior o jefe comprensivo y agradable		
Prestigio de la empresa		
Posibilidad de elección de horarios, fechas de vacaciones, etcétera.		
Posibilidad de proponer ideas nuevas		
Trabajo en equipo		
Reconocimiento del trabajo bien hecho		
Posibilidades de formación dentro de la empresa		
Normas claras y bien definidas		
Respeto entre las personas		
Posibilidad de conciliar vida personal y laboral		
Adquirir responsabilidades y ascender		
Control del trabajo por parte de los superiores		
Libertad para tomar las propias decisiones		
Tareas interesantes		

Continúa en la página siguiente

Comportamiento durante la entrevista (registro observacional)	1	2	3	4	5
Buena presencia					
Higiene adecuada					
Nivel de expresión oral					
Comprensión verbal					
Adecuación de comportamiento no verbal					
Argumentación y coherencia del discurso					
Capacidad de escucha activa					
Contacto visual					
Puntualidad					
Actitud colaboradora					

SIGNIFICADO Y FUNCIÓN DEL EMPLEO

Creencias sobre la importancia del empleo

¿Por qué crees que es importante tener un empleo?	
¿Cuáles son las ventajas de tener un empleo?	
¿Cuáles son los inconvenientes de tener un empleo?	

Creencias sobre los factores más importantes en el acceso al empleo

¿Has buscado trabajo previamente?	
¿Cuánto tiempo llevas desempleado/a?	
¿Por qué crees que no has encontrado aún un trabajo?	
¿De quién depende que encuentres trabajo? De ti mismo/a, del empresario, de los orientadores, etcétera.	
¿Crees que la formación te permite encontrar mejor un empleo?	
¿Tener una experiencia laboral o realizar prácticas laborales favorecen las posibilidades de encontrar un empleo?	

¿Qué crees que necesitas para buscar empleo?		
	Sí	No
Formación		
Experiencia		
Conocer a alguien que me de trabajo		
Saber cómo buscar empleo		
Tener ayuda de profesionales		
Tener más confianza en mí mismo/a		
Otros:		

¿Por qué motivos crees que no encuentras un empleo?		
	Sí	No
Falta de formación		
Falta de experiencia		
Hay poco trabajo		
No sé buscar trabajo		
Por mi discapacidad		
Por no disponer de los contactos adecuados		
Mi ocupación no tiene salidas laborales		
Por mi edad		
Otros motivos:		

Disponibilidad y predisposición			
¿Qué condiciones aceptarías?			
Jornada y horarios	Sí	No	Quizás
Jornada completa			
Jornada parcial			
Trabajar por horas			
Turno rotativo			
Horario intensivo/noches			
Horario intensivo/mañanas			
Horario intensivo/tardes			
Horario flexible			

Continúa en la página siguiente

Proximidad geográfica	Sí	No	Quizás
Teletrabajo (trabajar desde casa)			
Distancia: a menos de una hora de casa			
Distancia: a menos de media hora de casa			
Tener que utilizar más de un medio de transporte			
Desplazarme en metro			
Desplazarme en autobús			
Desplazarme en tren			
Desplazarme en transporte privado			
Cambio de residencia			
Remuneración	Sí	No	Quizás
Sueldo fijo			
Sueldo variable (comisiones)			
Salario inferior al SMI			
Salario superior al SMI			
Salario igual al SMI			
Condiciones contractuales	Sí	No	Quizás
Contrato a tiempo total			
Contrato a tiempo parcial			
Contrato como *freelance* o autónomo			
Sin contrato			
Tipo de empresa	Sí	No	Quizás
Empresa familiar			
Pyme (pequeña o mediana empresa)			
Gran empresa o multinacional			
Tipo de trabajo	Sí	No	Quizás
Trabajo con contacto con público o clientes			
Trabajo sedentario			
Tareas repetitivas			
Trabajo dentro de una oficina o local cerrado			
Trabajo en solitario			
Trabajo creativo			
Trabajo que implique esfuerzo físico			
Tareas que impliquen responsabilidad			
Tener personas a cargo			
Entornos predecibles (no cambiantes)			

Motivos por los que dejaría un trabajo	Sí	No
No sentirme capacitado		
No recibir ayuda		
Llevarme mal con compañeros o jefes		
Tener un salario por debajo de mis expectativas		
Discutir con alguien		
Sentirme poco valorado o reconocido		
Cambios de turno		
Cambios en las tareas que realizar		
Cambio en la ubicación física del puesto		
Sentirme aburrido		
Sentirme cansado		
No integrarme en la empresa		

HABILIDADES SOCIOLABORALES PARA LA BÚSQUEDA DE EMPLEO

Conocimientos de técnicas para la búsqueda activa de empleo		
¿Cuánto tiempo dedicas a buscar empleo?		
¿Tienes un plan de búsqueda de empleo?		
¿Tienes un CV ya elaborado?		
¿Sabrías elaborar un CV?		
¿Sabes hacer una carta de presentación?		
¿Tienes perfil en las redes sociales profesionales?		
¿Estás inscrito en los principales portales web de empleo?		
¿Has participado en algún proceso de selección?		
¿Qué haces para buscar empleo?	Sí	No
Apuntarme a los Servicios Públicos de Empleo		
Apuntarme en las agencias de colocación		
Inscribirme en ETT		
Buscar ofertas en portales de empleo		

Continúa en la página siguiente

Buscar ofertas en la prensa		
Enviar currículums a las empresas		
Estudiar oposiciones		
Preguntar a los conocidos		
Intentar emprender (autoempleo)		
Nada		
Otras		

Conocimiento del mercado laboral	
¿Buscas información en internet sobre temas relacionados con trabajo, empleo, empresas, etcétera?	
¿Lees revistas o noticias relacionadas con tu profesión?	
¿Buscas información sobre las empresas más importantes del sector?	
¿Conoces cuáles son las profesiones más demandadas actualmente?	
¿Sabes cuál es el salario mínimo interprofesional (SMI)?	
¿Conoces los diferentes tipos de contratos que existen?	
¿Sabes qué perfil demandan las empresas?	

Listado de ocupaciones que se ajustan al perfil y preferencias	
Ocupación 1	
Ocupación 2	
Ocupación 3	
...	

Ocupación 1				
Tareas	Requisitos		¿Se ajusta a mi perfil?	Ocupaciones relacionadas
	Conocimientos	Destrezas		
			❑ Sí	
			❑ No	

Ocupación 2				
Tareas	Requisitos		¿Se ajusta a mi perfil?	Ocupaciones relacionadas
	Conocimientos	Destrezas		
			❑ Sí	
			❑ No	

Ocupación ...				
Tareas	Requisitos		¿Se ajusta a mi perfil?	Ocupaciones relacionadas
	Conocimientos	Destrezas		
			❑ Sí	
			❑ No	

Comportamiento social en el trabajo	
¿Sabrías pedir ayuda en el trabajo si fuera necesario?	
¿Sabrías facilitar ayuda a los demás?	
¿Crees que eres capaz de seguir unas instrucciones precisas?	
¿Crees que eres capaz de dar instrucciones a los demás?	
¿Consideras que puedes negociar para alcanzar acuerdos?	
¿Consideras que puedes mantener la discreción profesional?	
¿Te molesta que te den instrucciones o te manden?	
¿Te cuesta aceptar tus errores cuando te equivocas?	
¿Sabes encajar bien las críticas?	

Actitudes			
	Siempre	A veces	Nunca
¿Intentas esforzarte por conseguir lo que quieres?			
¿Te marcas metas claras a ti mismo/a?			
¿Crees que tus éxitos dependen de ti mismo/a?			
¿Crees que tus fracasos dependen de ti mismo/a?			
¿Eres perseverante ante las dificultades?			
¿Esperas a que los problemas se resuelvan solos?			

ENTORNO SOCIAL Y FAMILIAR

Apoyos familiares y red significativa de contactos

¿Quiénes son las personas más cercanas a ti?	
¿Quién convive contigo?	
¿Te ayudan a buscar empleo?	
¿Qué hacen para ayudarte a encontrar empleo?	
¿Te presionan para que busques trabajo?	
¿Prefieren que no trabajes y estés en casa?	
¿Te consideran una persona capacitada para trabajar?	

Situación socioeconómica del núcleo familiar y cobro de prestaciones

¿De dónde proceden los ingresos de tu hogar?	
¿Tienes personas a tu cargo? ¿Quién/es?	
¿Cobras alguna prestación económica? ¿Cuál?	
¿Cuál es la cuantía aproximada de tu prestación?	
¿Tu prestación es la principal fuente de ingresos de tu hogar?	

Observaciones

RESUMEN

- Cualquier actuación encaminada a la búsqueda de empleo y a la integración laboral debe partir de un diagnóstico claro de la situación de la persona usuaria. Por ello, es fundamental la realización de las entrevistas prelaborales que permiten analizar las características y circunstancias de la persona y su entorno, y poder así elaborar y consensuar un itinerario de inserción laboral.

- Los objetivos de la entrevista prelaboral son: realizar un diagnóstico de la situación de la persona, elaborar un perfil profesional, identificar los factores facilitadores y obstaculizadores del proceso de inserción, identificar las preferencias y los sectores de interés, así como establecer prioridades y necesidades de intervención.

- Las entrevistas pueden dividirse en dos grandes grupos en función del enfoque: entrevista curricular o entrevista por competencias.

- En la entrevista curricular, el entrevistador revisa la trayectoria formativa y/o laboral de la persona usuaria a través de la realización de preguntas abiertas o cerradas.

- Las entrevistas por competencias se centran en identificar las competencias de la persona, ya sean competencias transversales o específicas para algunos puestos de trabajo.

- Las entrevistas pueden dividirse en estructuradas, no estructuradas y semiestructuradas, en función de la existencia de un guion preestablecido de cuestiones que plantear en la misma.

- En las entrevistas laborales, pueden diferenciarse tres momentos: entrevista de diagnóstico (recogida de información), análisis y diagnóstico y, por último, entrevista de devolución (información al usuario).

- En la entrevista prelaboral deben abordarse dos grandes bloques de contenido: la valoración del entorno y la valoración de los aspectos competenciales, actitudinales y el perfil profesional de la persona.

- En la recogida de información se deben abordar los siguientes temas: perfil personal (características, intereses personales, preferencias, competencias...), perfil profesional, habilidades sociolaborales y habilidades para la búsqueda de empleo, significado y función del empleo y entorno social y familiar.

ACTIVIDADES DE AUTOEVALUACIÓN

2.1. ¿Cómo se denomina el tipo de entrevista en la que el entrevistador revisa la trayectoria formativa y/o laboral de la persona usuaria a través de la realización de preguntas abiertas o cerradas?

a) Entrevista curricular.

b) Entrevista por competencias.

c) Entrevista de diagnóstico.

2.2. ¿Qué tipo de cuestiones deben plantearse para evaluar las competencias de la persona usuaria?

a) Cuestiones referidas a situaciones hipotéticas.

b) Cuestiones referidas a situaciones reales vividas por la persona.

c) Cuestiones referidas tanto a situaciones hipotéticas como reales.

2.3. Señala la opción correcta en relación con las competencias:

a) Son un conjunto de comportamientos no observables.

b) Incluyen conocimientos y habilidades, no actitudes ni valores.

c) Permiten predecir un nivel adecuado o superior de desempeño en un puesto de trabajo.

2.4. ¿Qué debe caracterizar los itinerarios de inserción laboral para personas con discapacidad?

a) Que sean genéricos.

b) Que sean personalizados.

c) Que estén tipificados.

2.5. ¿Cómo se denominan las entrevistas en las que el entrevistador determina con anterioridad qué preguntas realizará, estableciendo un guion secuenciado que dirigirá el ritmo de la entrevista?

a) Entrevista estructurada.

b) Entrevista semiestructurada.

c) Entrevista no estructurada o libre.

2.6. ¿Cuál de las siguientes opciones es una ventaja de las entrevistas estructuradas?

 a) Es más flexible.

 b) Es más objetiva.

 c) Permite explorar áreas que surgen espontáneamente durante la entrevista.

2.7. ¿Qué tipo de entrevistas prelaborales se realizan con mayor frecuencia para recabar información en los procesos de inserción laboral de personas con personas con discapacidad?

 a) Entrevista estructurada.

 b) Entrevista semiestructurada.

 c) Entrevista no estructurada o libre.

2.8. ¿Cuál de las siguientes opciones es una ventaja de las preguntas abiertas?

 d) Son útiles para acotar el número de opciones con rapidez.

 e) Permiten recabar información específica con facilidad.

 f) No restringen las posibilidades de respuesta.

2.9. ¿Cuál de los siguientes factores del entorno familiar de la persona con discapacidad actúa como facilitador en los procesos de inserción laboral?

 a) Preferencias y expectativas personales en relación con el trabajo ajustadas a la realidad del mercado laboral.

 b) Recibir prestaciones económicas incompatibles con la actividad laboral.

 c) Participar activamente en actividades de la comunidad.

2.10. ¿Cuál de los siguientes factores de la persona con discapacidad actúa como obstaculizador en los procesos de inserción laboral?

 a) Disponer de experiencia laboral previa.

 b) Bajos niveles de autodeterminación y autonomía.

 c) Desarrollo previo de competencias generales y técnicas.

ACTIVIDADES DE APLICACIÓN

2.1. Enumera los principales objetivos de la entrevista prelaboral.

2.2. Relaciona cada tipo de entrevista con su característica definitoria:

1. Entrevista curricular	a) El entrevistador determina con anterioridad al inicio de la entrevista qué preguntas realizará, estableciendo un guion secuenciado que dirigirá el ritmo de la entrevista.
2. Entrevista por competencias	b) No requiere un guion previo. Se van realizando preguntas abiertas, sin un orden preestablecido.
3. Entrevista estructurada	c) El entrevistador revisa la trayectoria formativa y/o laboral de la persona usuaria a través de la realización de preguntas abiertas o cerradas.
4. Entrevista libre	d) Se determina previamente qué información se pretende conseguir y se establece un guion de preguntas para recabarla, el cual es flexible y se adapta a las respuestas de la persona.
5. Entrevista semiestructurada	e) Se centra en identificar las competencias de la persona, ya sean transversales o específicas para algunos puestos de trabajo.

2.3. Señala si las siguientes afirmaciones son verdaderas o falsas:

	V	F
Las entrevistas estructuradas son más flexibles que las no estructuradas	❑	❑
Las entrevistas estructuradas permiten una evaluación más objetiva	❑	❑
Una excesiva estructuración de las entrevistas puede no ser adecuada para todas las situaciones	❑	❑
En entrevistador no debe ser muy experimentado para realizar entrevistas no estructuradas	❑	❑
Las entrevistas estructuradas permiten recoger información sobre áreas relevantes que no se tuvieron en cuenta previamente	❑	❑

2.4. Enumera dos factores relacionados con el entorno familiar de la persona con discapacidad que faciliten el proceso de inserción y otros dos factores que lo obstaculicen.

Factores facilitadores	
Factores obstaculizadores	

CASO PRÁCTICO

Simulación de entrevista prelaboral

CONTEXTO

Nombre de la persona usuaria: María López

Edad: 26 años

Discapacidad: intelectual leve

Formación: Formación Profesional Básica en Administración y Gestión

Experiencia profesional: experiencia en prácticas de oficina durante seis meses

Intereses y habilidades:

- María tiene conocimientos básicos en tareas administrativas como archivado, uso de programas de ofimática y atención telefónica.

- Muestra interés en trabajar en entornos organizados y estructurados.

- Disfruta de actividades que implican interacción con otras personas y tiene buenas habilidades sociales.

Red de apoyo:

- Vive con sus padres y un hermano menor, todos muy comprometidos con su proceso de inserción laboral.

- Asiste a un programa de apoyo en un centro de día donde recibe formación continua.

ACTIVIDADES

1. Determina qué estilo/enfoque de entrevista prelaboral consideras más adecuado en este caso.

2. Para la recogida de datos e información relevante (entrevista de diagnóstico), redacta todas las preguntas a realizar en la entrevista. Recuerda incluir preguntas sobre diferentes aspectos, tales como:

   - Competencias, conocimientos, destrezas, actitudes, etc., de la persona usuaria.

- Diagnóstico de la situación de la persona (entorno familiar, red de apo-yos, situación socioeconómica, participación comunitaria, etcétera).

- Identificar los factores facilitadores y obstaculizadores del proceso de inserción y la integración en el mercado laboral.

- Valorar el nivel de motivación y actitudes hacia el trabajo, así como pre-ferencias y expectativas. Identificar los sectores laborales de interés.

- Valorar aspectos relacionados con el autoconcepto, autoestima e ima-gen personal.

- Valorar los niveles de autodeterminación, autonomía, toma de decisio-nes y resolución de conflictos.

GLOSARIO

- **Entrevista curricular:** entrevista centrada en revisar y discutir el contenido del *curriculum vitae* de la persona, como su formación, experiencia laboral y habilidades.

- **Entrevista por competencias:** entrevista en la que se evalúan las competencias específicas de la persona mediante preguntas sobre situaciones pasadas y cómo las ha gestionado, para predecir su desempeño futuro.

- **Expectativas laborales:** conjunto de aspiraciones y deseos que una persona tiene respecto a su empleo, incluyendo salario, condiciones laborales, oportunidades de desarrollo y ambiente de trabajo.

- **Competencias técnicas:** habilidades y conocimientos específicos necesarios para realizar tareas concretas en un determinado campo o profesión.

- **Competencias transversales:** habilidades generales y aplicables a diversas situaciones y trabajos, como la comunicación, el trabajo en equipo, la gestión del tiempo y la resolución de problemas.

- **Motivación (para el empleo):** nivel de interés, compromiso y entusiasmo que una persona tiene hacia la búsqueda y el mantenimiento de un empleo, incluyendo intereses personales, metas profesionales, necesidad de ingresos y deseo de desarrollo profesional.

- **Perfil profesional:** descripción de las cualidades, habilidades, experiencias y formación académica que definen a una persona en el ámbito laboral, indicando su adecuación para determinados roles o industrias.

MAPA CONCEPTUAL

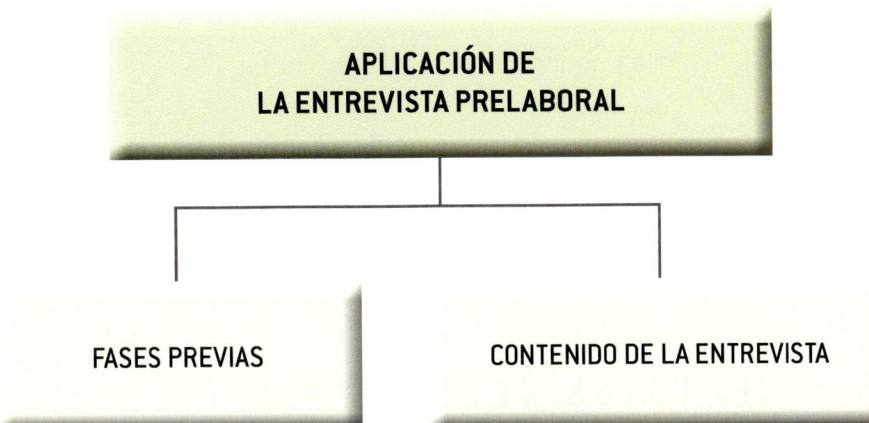

FASES PREVIAS

Definir:
- Enfoque/estilo (curricular, por competencias)
- Estructura (estructurada, libre o semiestructurada)

CONTENIDO DE LA ENTREVISTA

En relación con la persona usuaria:
- Competencias
- Experiencia
- Motivación y actitud
- Autoconcepto, autoestima e imagen personal
- Autodeterminación, autonomía, toma de decisiones y resolución de conflictos
- Preferencias y expectativas laborales
- Factores facilitadores
- Factores obstaculizadores

En relación con la familia:
- Tipos de apoyos
- Relaciones sociales
- Grado de responsabilidad familiar
- Prestaciones recibidas e importancia en el núcleo familiar
- Necesidades económicas, de vivienda, de movilidad...
- Grado de participación comunitaria
- Factores facilitadores
- Factores obstaculizadores

3. Desarrollo del modelo de empleo con apoyo para personas con discapacidad

Contenido

El modelo de empleo con apoyo (ECA) se basa en un sistema de apoyo individualizado, que consiste en la provisión de la ayuda imprescindible para que la persona con discapacidad pueda desarrollar por ella misma una actividad laboral en una empresa ordinaria, en igualdad de condiciones que el resto de trabajadores. Esta ayuda es proporcionada por los preparadores laborales o por los apoyos naturales.

Esta metodología se aplica en los casos de personas con discapacidades severas o con especiales dificultades de inserción que necesitan un acompañamiento intensivo. El trabajo de acompañamiento individualizado llevado a cabo por el preparador laboral en el puesto de trabajo es fundamental para lograr que el trabajador adquiera las competencias laborales necesarias y, por otro lado, se socialice en el entorno laboral.

Además, el preparador laboral es la figura encargada de proporcionar a la empresa la información necesaria sobre la integración laboral de las personas con discapacidad.

La metodología de empleo con apoyo aporta una visión positiva de la discapacidad, ya que tiene en cuenta las capacidades y potencialidades de la persona para el desempeño de un puesto de trabajo.

3.1. Marco conceptual

En la inserción laboral de personas con discapacidad, el objetivo final debe ser lograr un empleo integrado ya sea un empleo normalizado, un empleo autónomo o un empleo con apoyo (entendiendo este último como una vía de inserción hacia el empleo normalizado).

El empleo con apoyo es una herramienta muy eficaz para proporcionar los apoyos necesarios en el puesto de trabajo permitiendo el mantenimiento del mismo. De esta manera, se fomenta la autodeterminación, autonomía, satisfacción y calidad de vida de las personas con discapacidad.

> El empleo con apoyo es un «sistema de apoyos a las personas con discapacidad u otros grupos en riesgo de exclusión social, para que consigan y mantengan un empleo en el mercado laboral abierto. El apoyo debe darse antes, durante y después de obtener un contrato laboral, incluyendo, además los apoyos al empresario y teniendo como punto clave en todo el sistema, la figura del Preparador Laboral».
>
> *(European Union of Supported Employment. EUSE 2011)*

Por apoyos, se entienden los recursos y estrategias que promueven los intereses y metas de las personas con discapacidad y que posibilitan el acceso a los recursos, la información y las relaciones propias de los contextos laborales y sociales integrados. De esta manera, los apoyos favorecen un incremento de su independencia, integración y satisfacción.

Las personas que se benefician de los programas de empleo con apoyo tienen, generalmente, las siguientes características:

- Son personas con discapacidades severas o plurideficiencias.

- Sin recibir apoyos, no serían capaces de acceder a un empleo normalizado.

- Sin recibir apoyos, no serían capaces de mantener el empleo.

- Presentan dificultades para transferir los conocimientos y habilidades adquiridas en el centro de formación, por lo que requieren un entrenamiento específico y personalizado en el puesto de trabajo.

Según la Asociación Española de Empleo con Apoyo (AESE), esta metodología implica:

- Un trabajo remunerado en las empresas ordinarias de la comunidad con un contrato laboral individual.

- Un sistema de apoyo individualizado y entrenamiento dentro del entorno laboral.

- Un concepto filosófico que al aplicarse hace posible, en la práctica, la igualdad de oportunidades en la sociedad de todos.

- Promoción y *empowerment* (empoderamiento) de los participantes.

- Inclusión social/apoyos naturales.

- La política activa que consigue con eficiencia incorporar al empleo ordinario a las personas con discapacidades significativas.

- La extensión y continuidad de los apoyos.

- Reconversión.

Características del empleo con apoyo

Las principales características del empleo con apoyo son:

a) *Su objetivo es el empleo con salarios y beneficios.*

La finalidad principal del ECA es la de conseguir un empleo digno para personas con discapacidad, que supongan la obtención de una remuneración en las mismas cuantías y/o proporciones que para los trabajadores sin discapacidad que desarrollan tareas similares dentro del mismo ámbito laboral.

b) *Apoyo continuado y flexible a lo largo de la vida.*

El apoyo debe ser continuado, ya que esta metodología se aplica a personas con discapacidades severas y especiales dificultades de inserción. Algunas de estas personas, incluso, han podido ser valoradas en centros especiales de empleo como no aptas para trabajar. Por ello, el apoyo es necesario para acceder al empleo y debe ser continuado para mantenerlo. Aunque los apoyos se mantengan durante la vida laboral del trabajador con discapacidad, se debe procurar que sean lo más naturales posible, con una mínima presencia del preparador laboral, cuya actuación solo se active en caso de ser necesario.

Por otro lado, el apoyo debe ser flexible. Esto significa que debe adaptarse a las características y circunstancias específicas de cada persona. No todos los trabajadores van a requerir los mismos apoyos, ni en la misma intensidad, duración o frecuencia, por lo que la flexibilización de los apoyo es una característica distintiva del ECA.

c) *Variedad y adaptación.*

Las personas con discapacidad que participan en programas de empleo con apoyo tienen la capacidad de elegir libremente, en función de sus capacidades y potencialidades, el tipo de trabajo que desean realizar.

Por ello, los programas de ECA no pueden limitarse a unas pocas opciones de trabajo, sino que deben estar abiertos a una amplia oferta laboral (diferentes tipos de empresas, sectores, puestos de trabajo, condiciones laborales, etcétera).

d) *Integración, inclusión social y económica.*

El empleo con apoyo fomenta la integración socioeconómica de las personas con discapacidad, ya que les proporciona, por un lado, capacidad e independencia económica y, por otro, integración en entornos sociales normalizados (relaciones sociales con diferentes personas, participación comunitaria en igualdad de condiciones, etcétera).

e) *Colocación previa al entrenamiento.*

Una característica distintiva de la metodología de empleo con apoyo es que la persona con discapacidad aprende a realizar las tareas propias del trabajo en el propio puesto de trabajo, siguiendo una fórmula de «aprender trabajando». Esto no implica que haya que desestimar opciones formativas previas al acceso al empleo, pero se entiende que la mayor parte del aprendizaje se realiza una vez se ha accedido al puesto de trabajo.

f) *Rechazo cero.*

El ECA rechaza la idea de que hay personas que no pueden acceder a un empleo. Esta metodología no consiste en seleccionar a las personas con discapacidad que mejor vayan a desempeñar un puesto de trabajo, sino que se le da la oportunidad de acceder al empleo a quien desee trabajar proporcionándole los apoyos individualizados que necesite para ello.

g) *Autodeterminación, elecciones e independencia.*

La persona con discapacidad tiene derecho a manifestar sus preferencias, gustos e intereses en lo relativo al empleo. Esta capacidad de decisión y autodeterminación es respetada en los programas de ECA, en los cuales se asesora a la persona y se le muestra un abanico de posibilidades para que pueda tomar sus propias decisiones. El objetivo es realizar el mejor emparejamiento posible entre las capacidades, preferencias e intereses de la persona y los requisitos del puesto.

h) *Proceso centrado en la persona.*

El empleo con apoyo es un proceso centrado en la persona. Es decir, es una metodología que contribuye a que la propia persona se conozca a sí misma (sus preferencias, gustos, intereses, capacidades, potencialidades, etc.) y, a su vez, conozca las posibilidades que le ofrece su entorno.

Es la propia persona con discapacidad la que guía el proceso con la ayuda del programa, y no al contrario. El programa no dirige a la persona hacia un objetivo concreto y le marca un trayecto prestablecido, sino que las metas y los pasos que se van a dar se establecen de manera consensuada entre el preparador laboral y la persona, respetando siempre las expectativas y preferencias de esta.

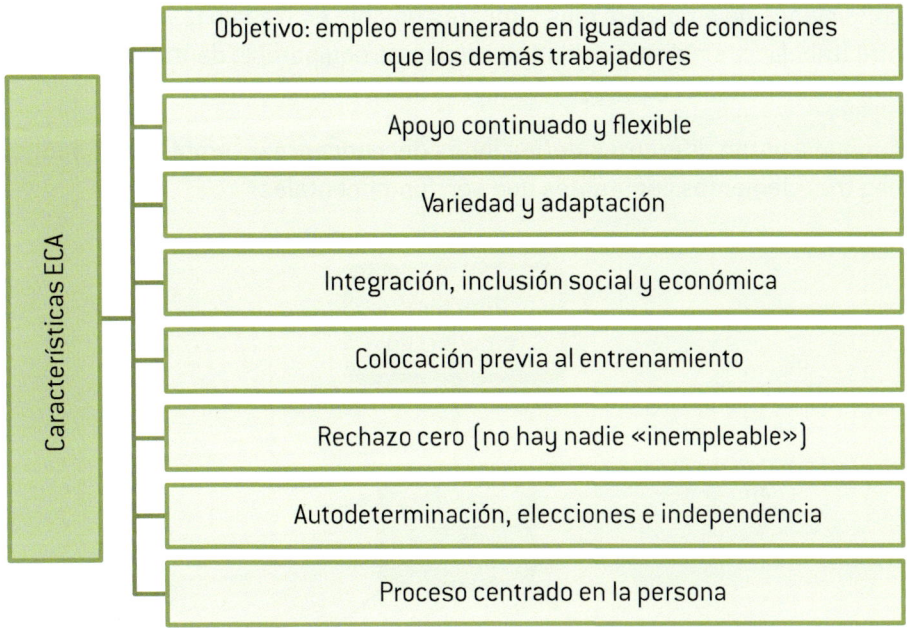

Características ECA

- Objetivo: empleo remunerado en iguadad de condiciones que los demás trabajadores
- Apoyo continuado y flexible
- Variedad y adaptación
- Integración, inclusión social y económica
- Colocación previa al entrenamiento
- Rechazo cero (no hay nadie «inempleable»)
- Autodeterminación, elecciones e independencia
- Proceso centrado en la persona

3.1.1. Definición y finalidad

Varios autores han definido el concepto de empleo con apoyo. Algunas de las definiciones más representativas son las realizadas por Paul Wehman y por David Mank.

«Un empleo competitivo en entornos integrados, para aquellos individuos que tradicionalmente no han tenido esta oportunidad, utilizando entrenadores laborales preparados adecuadamente y fomentando la formación sistemática, el desarrollo laboral y los servicios de seguimiento entre otros» (Wehman, Moon, Everson, Wood y Barcus, 1987).

«Empleo remunerado en lugares de la comunidad, con apoyos individualizados y continuados que aseguren el éxito a largo plazo, y en el que existan claras oportunidades para la interacción con personas sin discapacidad» (David Mank, 1998).

En España, los profesores Jordán de Urríes y Verdugo aportaron esta definición de empleo con apoyo:

«El empleo integrado en la comunidad dentro de empresas normalizadas, para personas con discapacidad que tradicionalmente no han tenido posibilidad de acceso al mercado laboral, mediante la provisión de los apoyos necesarios dentro y fuera del lugar de trabajo, a lo largo de su vida laboral, y en condiciones de empleo lo más similares posible en trabajo y sueldo a las de otro trabajador sin discapacidad en un puesto equiparable dentro de la misma empresa» (Jordán de Urríes y Verdugo, 2001).

Aunque existan diferentes definiciones del concepto de empleo con apoyo, hay tres elementos constantes que son fundamentales:

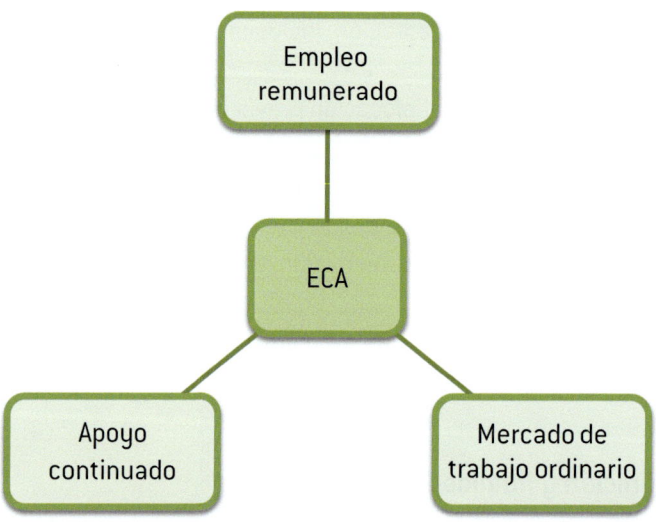

El artículo 2 del Real Decreto 870/2007, de 2 de julio, por el que se regula el programa de empleo con apoyo como medida de fomento de empleo de personas con discapacidad en el mercado ordinario de trabajo, indica lo siguiente:

Artículo 2. Definición de empleo con apoyo.

1. Se entiende por empleo con apoyo el conjunto de acciones de orientación y acompañamiento individualizado en el puesto de trabajo, prestadas por preparadores laborales especializados, que tienen por objeto facilitar la adaptación social y laboral de trabajadores con discapacidad con especiales dificultades de inserción laboral en empresas del mercado ordinario de trabajo en condiciones similares al resto de los trabajadores que desempeñan puestos equivalentes.

2. Las acciones de empleo con apoyo se desarrollarán en el marco de proyectos de empleo con apoyo, en los que deberán contemplarse, al menos, las siguientes acciones:

   a) Orientación, asesoramiento y acompañamiento a la persona con discapacidad, elaborando para cada trabajador un programa de adaptación al puesto de trabajo.

b) Labores de acercamiento y mutua ayuda entre el trabajador beneficiario del programa de empleo con apoyo, el empleador y el personal de la empresa que comparta tareas con el trabajador con discapacidad.

c) Apoyo al trabajador en el desarrollo de habilidades sociales y comunitarias, de modo que pueda relacionarse con el entorno laboral en las mejores condiciones.

d) Adiestramiento específico del trabajador con discapacidad en las tareas inherentes al puesto de trabajo.

e) Seguimiento del trabajador y evaluación del proceso de inserción en el puesto de trabajo. Estas acciones tendrán por objeto la detección de necesidades y la prevención de posibles obstáculos, tanto para el trabajador como para la empresa que le contrata, que pongan en peligro el objetivo de inserción y permanencia en el empleo.

f) Asesoramiento e información a la empresa sobre las necesidades y procesos de adaptación del puesto de trabajo.

La metodología de empleo con apoyo está fundamentada en un sistema de apoyo individualizado que consistente en la provisión de la ayuda imprescindible, con el objetivo de que la persona con discapacidad pueda desarrollar por ella misma una actividad laboral, en un momento determinado de su trayectoria vital.

Los objetivos generales del ECA son:

- Conseguir que la persona con discapacidad pueda desempeñar por sí misma un puesto de trabajo integrado en el mercado laboral ordinario.

- Fomentar la integración social de las personas con discapacidad mediante la realización de un trabajo remunerado.

- Mejorar la calidad de vida, la autonomía y la independencia de las personas con discapacidad.

- Favorecer el desarrollo personal y laboral de las personas con discapacidad.

3.1.2. Principios y valores

La Unión Europea de Empleo con Apoyo (EUSE) propone los siguientes principios y valores que deben estar presentes en todas las etapas y actividades del empleo con apoyo:

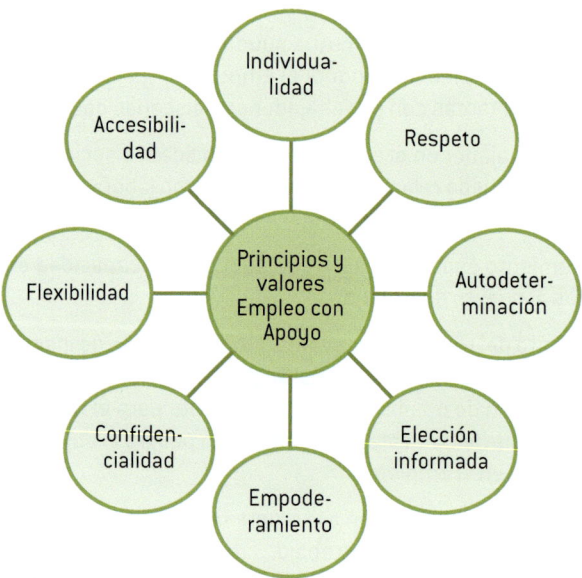

- **Individualidad**: el empleo con apoyo contempla la idiosincrasia de cada individuo al tener en cuenta sus propios intereses, preferencias, condiciones e historia personal.

- **Respeto**: las actividades del empleo con apoyo se ajustan a la edad, dignifican a la persona y son enriquecedoras.

- **Autodeterminación**: el empleo con apoyo ayuda a las personas a desarrollar sus intereses y preferencias, a expresar sus gustos y a definir su propio plan de trabajo y/o vida, según sus condiciones personales y contextuales. De la misma manera, fomenta el principio de autogestión entre los usuarios del servicio.

- **Elección informada**: el empleo con apoyo ayuda a las personas a ser conscientes de sus oportunidades, para que puedan realizar elecciones de acuerdo a sus preferencias y conociendo las consecuencias de sus decisiones.

- **Empoderamiento**: el empleo con apoyo ayuda a las personas a tomar decisiones sobre su modo de vida y su participación en la sociedad. Las personas se involucran activamente en los procesos de planificación, evaluación y desarrollo de los servicios.

- **Confidencialidad**: el proveedor de un servicio de empleo con apoyo trata de modo confidencial los datos de las personas, las cuales tienen acceso a los mismos y son informados del uso que se hace de dicha información.

-   **Flexibilidad**: las necesidades de los usuarios pueden incidir tanto en el personal como en la estructura organizadora. Los servicios de empleo con apoyo son flexibles, ya que responden a las necesidades de las personas y se ajustan a las características de estas.

-   **Accesibilidad**: los servicios, las prestaciones y la información del empleo con apoyo son totalmente accesibles a todas las personas con discapacidad, así como a otros usuarios en situación de desventaja social.

3.1.3. Orígenes del ECA

La metodología de empleo con apoyo surge en Estados Unidos y Canadá en la década de los ochenta. Inicialmente, se planteó como un sistema para ayudar a las personas con discapacidad intelectual a conseguir un empleo ordinario. Posteriormente, el uso de esta metodología se ha ampliado para ayudar a otros colectivos que tienen especiales dificultades en el acceso y mantenimiento de un puesto de trabajo.

Los orígenes del empleo con apoyo se encuentran en las actividades de rehabilitación ocupacional y formación profesional que ofrecían los servicios de trabajo protegido y organismos públicos. Estas actividades consistían en formar a la persona con discapacidad para dotarla de una serie de competencias y capacidades que le permitiesen integrarse en el mundo laboral ordinario.

A finales de los años setenta, empieza a evidenciarse que, en el caso de algunas personas con discapacidad, el hecho de poseer destrezas y capacidades para desempeñar un trabajo no eran condiciones suficientes para acceder y mantener un empleo ordinario. Por ello, comienza a cuestionarse la validez de las actividades de rehabilitación y formación llevadas a cabo hasta el momento y se introduce la figura del «monitor ocupacional».

De esta manera, las actividades de rehabilitación se modificaron sustancialmente, ya que los monitores ocupacionales se encontraban presentes en el lugar de trabajo apoyando a las personas con discapacidad en su adaptación al empleo.

Los monitores ocupacionales ofrecían a la persona con discapacidad un apoyo estructurado dentro del contexto laboral. La naturaleza de estos apoyos era muy diversa, dependiendo de las necesidades de la persona, pudiendo ser:

-   Formación en la realización de tareas específicas dentro del lugar de trabajo.

-   Educación en habilidades sociales y conductas sociolaborales adaptadas.

– Ayuda y/o asistencia en los desplazamientos al lugar de trabajo.

– Otros apoyos para el trabajador con discapacidad o para el empresario.

En este primer momento, la estrategia de empleo con apoyo era la de «emplazamiento y formación», es decir, situar a la persona con discapacidad en el puesto de trabajo y, posteriormente, formarles en las tareas específicas del puesto.

Más tarde, con el objetivo de asegurar la continuidad en el puesto, se desarrolló la estrategia de «emplazamiento-formación-mantenimiento». Este método fomenta la estabilidad en el puesto de trabajo y, cuando esta se ha alcanzado, el monitor ocupacional se retira.

Durante la década de los noventa, comienza a aumentar el número de participantes en los programas de empleo con apoyo. Además, empieza a extenderse la idea de que las personas con discapacidad deben ser dueñas de sus vidas y tener autonomía para tomar sus propias decisiones en función de sus preferencias.

Progresivamente, el empleo con apoyo se ha ido configurando como un método eficaz de acompañamiento en la inserción laboral, el cual posibilita la integración sociolaboral de personas con discapacidad con independencia del nivel de apoyo requerido.

Impulsores del empleo con apoyo

La metodología de empleo con apoyo surgió gracias a los estudios de autores como Paul Wehman o David Mank.

Paul Wehman es considerado como el primer impulsor del empleo con apoyo. Sus trabajos contribuyeron a fundamentar el modelo de empleo con apoyo, el cual definió como:

«... empleo remunerado para personas con discapacidad intelectual para las que el empleo competitivo al nivel o por encima del salario mínimo es especialmente dificultoso ya que, por causa de su discapacidad, necesitan apoyo continuado para ejecutar su trabajo. El apoyo es proporcionado a través de actividades como entrenamiento, supervisión y transporte. El empleo con apoyo se desarrolla en una variedad de ambientes y, en particular, en los lugares de trabajo en los que las personas sin discapacidad se encuentran empleadas... El empleo con apoyo es una combinación de empleo y de servicios a lo largo del tiempo. Es un tipo de empleo, no un método de preparación para el empleo ni un tipo de actividad de los servicios. Es una vía poderosa y flexible para asegurar los beneficios normales derivados del empleo, proporcionar apoyo continuado y apropiado, crear oportunidades, y alcanzar participación plena, integración y flexibilidad» (Wehman y Kregel, 1992: 4).

David Mank, por su parte, es otro de los investigadores importantes en el campo del empleo con apoyo. Sus estudios destacan la importancia de los apoyos naturales en la calidad de los empleos que desempeñan los trabajadores con discapacidad, en comparación con los de otros trabajadores sin estas limitaciones.

Temporalización del nacimiento y desarrollo del empleo con apoyo en EE. UU. Wehman y Bricout (1999)			
1960-1970	**1970-1980**	**1980-1990**	**1990-2000**
• Dominancia de los talleres protegidos / centros de actividades para adultos / instituciones estatales para discapacitados ligeros y severos. • Más de 1 000 000 de personas en 5000 programas de día segregados en EE. UU. • Aparición del análisis comportamental aplicado como importante tecnología de entrenamiento.	• Ubicación en empleo real / el empleo competitivo tiene lugar en determinados centros universitarios en investigaciones / bases de demostración. • Focalización única en personas con retraso mental. • Aparición del término *preparador laboral.* • Se expande la utilización del término *normalización,* incrementándose la desinstitucionalización.	• Aceptación nacional y crecimiento del empleo con apoyo a través de varias leyes federales con financiación. • Expansión a todas las discapacidades. • Los 50 estados de EE. UU. ofrecen un total de 3000 programas. • Se expande el modelo de utilización del preparador laboral. • Crece de 10 000 a 100 000 personas (permanece aún vedado a 1 millón en programas de día en EE. UU.).	• Aparecen las filosofías que ponen la capacidad de decisión en el cliente y la Americans with Disabilities Act como cuestiones principales en la discapacidad. • El crecimiento del empleo con apoyo continúa internacionalmente. Se crea la Unión Europea de Empleo con Apoyo (EUSE) / la Asociación Mundial de Empleo con Apoyo (WASE) que emergen como fuerzas principales. • Eficacia del empleo con apoyo puesta en tela de juicio por los centros de día para adultos muy arraigados. • Se da mucho más énfasis a los empleos en la comunidad y a los apoyos naturales.

Extraído de *El empleo con apoyo en España. Análisis de variables que determinan la obtención y mejora de resultados en el desarrollo de servicios* (F. B. Jordán de Urríes Vega y M. A. Verdugo Alonso, 2003). Instituto Universitario de Integración en la Comunidad (INICO), Universidad de Salamanca.

3.1.4. El ECA en España. Desarrollo y situación actual

Como se ha expuesto anteriormente, el empleo con apoyo surge en Estados Unidos desde donde empieza a extenderse a otros países. En Europa, comienza a implementarse a finales de la década de los ochenta, siendo Irlanda el primer país europeo en aplicar este método en 1988.

En España, el desarrollo del empleo con apoyo ha sido posible gracias a dos antecedentes relevantes:

- Promulgación de la Ley General de derechos de las personas con discapacidad y de su inclusión social (Real Decreto Legislativo 1/2013, de 29 de noviembre).

- Promulgación de la Ley de Integración Social de los Minusválidos en 1982 (LISMI), la cual recoge en su artículo 37 la siguiente afirmación: «será finalidad primordial de la política de empleo de trabajadores minusválidos su integración en el sistema ordinario de trabajo».

- Programa de Integración Escolar, iniciado por el Ministerio de Educación y Ciencia en 1985. Este programa fomentaba la educación integrada frente a la segregada. De esta manera, se regulaba que las personas con discapacidad se debían integrar en el sistema ordinario de la educación general, recibiendo los apoyos necesarios.

Hitos en el desarrollo del empleo con apoyo en España

- I Simposium Internacional sobre Empleo con Apoyo (1991): uno de los hitos más importantes en el desarrollo del empleo con apoyo en España es la celebración del I Simposium Internacional sobre Empleo con Apoyo (1991), en el que participaron, entre otras personas, Paul Wehman, impulsor del modelo, y Christy Lynch, pionero de su aplicación en Europa.

  En este I Simposium se expusieron las experiencias llevadas a cabo en otros países, como Estados Unidos, y se presentaron los resultados de dos experiencias pioneras llevadas a cabo en España:

  • El Proyecto Aura: proyecto dirigido a la integración sociolaboral de personas con síndrome de Down en empresas ordinarias (Canals y Domènech, 1991).

  • Treball amb Suport: programa de empleo con apoyo llevado a cabo en Mallorca (Bellver, Moll, Roselló y Serra, 1993).

  El I Simposium Internacional sobre Empleo con Apoyo realizado en España supuso un enorme impulso para la difusión e implantación de esta metodología, especialmente debido al hecho de presentar experiencias locales exitosas.

- Fundación de la Asociación Española de Empleo con Apoyo (AESE) en 1993. Esta entidad es la principal impulsora de esta metodología en España.

- II Simposio Internacional de Empleo con Apoyo celebrado en Oviedo (1994). Gracias a la celebración de la segunda edición de este Simposio, se daba continuidad al evento, que se celebra bienalmente desde entonces.

- II Conferencia de la EUSE (*European Union of Supported Employment*) en Dublín (1995). En este evento se presentaron los primeros datos del desarrollo del empleo con apoyo en España (Verdugo, Jordán de Urríes, Jenaro y Bellver, 1995).

La evolución del empleo con apoyo en España ha sido posible gracias a la realización de múltiples estudios e investigaciones, a la implantación de esta metodología en diferentes contextos y al desarrollo normativo.

Situación actual del ECA en España

Actualmente, la metodología de empleo con apoyo se encuentra extendida por todo el país, con múltiples programas en funcionamiento. En parte, esto es debido a la superación de dos de los principales obstáculos que existían para implementar estos programas: la falta de regulación y de financiación.

En el Real Decreto 870/2007, de 2 de julio, por el que se regula el programa de empleo con apoyo como medida de fomento de empleo de personas con discapacidad en el mercado ordinario de trabajo, se establece lo siguiente en relación con los promotores de proyectos de empleo con apoyo y beneficiarios de las subvenciones:

Artículo 4. Promotores de proyectos de empleo con apoyo y beneficiarios de las subvenciones.

«Podrán promover proyectos de empleo con apoyo, y ser beneficiarios de las correspondientes subvenciones reguladas en el presente real decreto, las siguientes entidades:

1. Las asociaciones, fundaciones y otras entidades sin ánimo de lucro que suscriban el correspondiente convenio de colaboración con la empresa que va a contratar a los trabajadores con discapacidad a los que se les va a prestar el empleo con apoyo y que cumplan los siguientes requisitos:

    a) Tener por objeto social, entre otros, la inserción laboral o la creación de empleo a favor de personas con discapacidad.

Continúa en la página siguiente

b) Contar en su plantilla con preparadores laborales especializados que cumplan los requisitos establecidos en el artículo 7 o comprometerse a incorporarlos, así como disponer de los recursos materiales necesarios que garanticen un desarrollo idóneo de los programas de empleo con apoyo.

c) Tener experiencia acreditada en el desarrollo de programas de integración laboral de personas con discapacidad.

d) Desarrollar las actividades de empleo con apoyo de modo gratuito, sin que quepa el cobro o el percibo de ningún tipo de cantidad o tarifa a trabajadores o empresarios.

2. Los centros especiales de empleo, calificados e inscritos como tales en el Registro correspondiente, que suscriban un convenio de colaboración con la empresa que va a contratar a trabajadores con discapacidad procedentes de la plantilla del mismo centro o de otros centros especiales de empleo. Estos centros especiales de empleo deberán cumplir, además, los siguientes requisitos:

a) Contar en su plantilla con preparadores laborales especializados que cumplan los requisitos establecidos en el artículo 7 o comprometerse a incorporarlos, así como disponer de los recursos materiales necesarios que garanticen un desarrollo idóneo de los programas de empleo con apoyo.

b) Desarrollar las actividades de empleo con apoyo de modo gratuito, sin que quepa el cobro o el percibo de ningún tipo de cantidad o tarifa a trabajadores o empresarios.

3. Las empresas del mercado ordinario de trabajo, incluidos los trabajadores autónomos, que contraten a los trabajadores con discapacidad beneficiarios de dichas acciones siempre que cuenten en su plantilla con preparadores laborales especializados que cumplan los requisitos establecidos en el artículo 7 o se comprometan a incorporarlos, y que dispongan de los recursos materiales necesarios que garanticen un desarrollo idóneo de los programas de empleo con apoyo».

En la actualidad, se sigue trabajando para extender la metodología de empleo con apoyo en España mediante acciones como:

- Subvenciones para promotores de servicios de empleo con apoyo.

- Desarrollo de estudios e investigaciones relacionadas con el empleo con apoyo y su eficacia.

- Actividades realizadas desde Asociación Española de *Supported Employment* (AESE), como cursos de formación especializada, realización de encuentros de preparadores laborales, organización de congresos, participación en proyectos europeos, servicios de información y asesoramiento, etcétera.

- Implantación del empleo con apoyo como medida de integración laboral en las distintas comunidades autónomas del país.

3.1.5. Regulación del empleo con apoyo

Hasta el año 2007, en España no existía una regularización del empleo con apoyo, lo que suponía un freno a la expansión y desarrollo de esta metodología.

La principal normativa que regula en España el empleo con apoyo se publicó en el año 2007 y es el Real Decreto 870/2007, de 2 de julio, por el que se regula el programa de empleo con apoyo como medida de fomento de empleo de personas con discapacidad en el mercado ordinario de trabajo.

El objetivo de este real decreto es regular los contenidos comunes del programa de empleo con apoyo como medida de integración laboral de las personas con discapacidad en el sistema ordinario de trabajo, en cumplimiento de lo que había sido dispuesto en artículo 37.1 de la Ley 13/1982, de 7 de abril, de Integración Social de los Minusválidos (ley LISMI).

La estructura de esta normativa es la siguiente:

— Artículo 1. Objeto.

— Artículo 2. Definición de empleo con apoyo.

— Artículo 3. Destinatarios finales.

— Artículo 4. Promotores de proyectos de empleo con apoyo y beneficiarios de las subvenciones.

— Artículo 5. Requisitos y duración de los proyectos de empleo con apoyo.

— Artículo 6. Convenio de colaboración entre la entidad promotora del empleo con apoyo y la empresa empleadora.

— Artículo 7. Preparadores laborales.

— Artículo 8. Subvenciones y cuantía de las mismas.

— Artículo 9. Procedimiento de concesión.

— Disposiciones adicionales.

En esta normativa se recoge lo siguiente en relación con el empleo con apoyo:

> Artículo 37.2. Tipos de empleo de las personas con discapacidad.
>
> Las personas con discapacidad pueden ejercer su derecho al trabajo a través de los siguientes tipos de empleo:
>
> a) Empleo ordinario, en las empresas y en las administraciones públicas, incluido los servicios de <u>empleo con apoyo</u>.
>
> b) Empleo protegido, en centros especiales de empleo y en enclaves laborales.
>
> c) Empleo autónomo.

> Artículo 41. Servicios de empleo con apoyo.
>
> Los servicios de empleo con apoyo son el conjunto de acciones de orientación y acompañamiento individualizado en el puesto de trabajo, que tienen por objeto facilitar la adaptación social y laboral de personas trabajadoras con discapacidad con especiales dificultades de inclusión laboral en empresas del mercado ordinario de trabajo en condiciones similares al resto de los trabajadores que desempeñan puestos equivalentes. Los servicios de empleo con apoyo se regularán por su normativa reglamentaria.

Otra normativa

Aunque no tengan relación directa con la regulación del empleo con apoyo en España, es importante destacar algunas normativas relacionadas con el acceso al empleo de las personas con discapacidad:

- Ley General de derechos de las personas con discapacidad y de su inclusión social (Real Decreto Legislativo 1/2013, de 29 de noviembre).

- Ley 49/2007, de 26 de diciembre, por la que se establece el régimen de infracciones y sanciones en materia de igualdad de oportunidades, no discriminación y accesibilidad universal de las personas con discapacidad.

3.2. El modelo de ECA en comparación con otras prácticas de empleo para personas con discapacidad

El empleo con apoyo responde a un enfoque *place-then-train* o colocar y posteriormente entrenar o formar. Por el contrario, otras prácticas de empleo para personas con discapacidad aplican procedimientos de *place-then-train*, es decir, entrenar o formar y luego colocar.

Bajo el modelo de ECA subyacen unos principios que lo diferencian de otras modalidades de inserción laboral. David Mank (1998) enumeró estos principios diferenciadores:

- El trabajo tiene un significado esencial en las trayectorias vitales.

- Las personas con discapacidades severas pueden desempeñar un trabajo ordinario.

- La integración y la inclusión son preferibles a la segregación y la exclusión.

- Se tiene en cuenta la elección personal y la satisfacción.

- Se desarrollan carreras (no solo se presta atención al desarrollo de trabajos concretos).

- Se crean apoyos individuales.

- Énfasis en la calidad de vida.

Una diferencia fundamental del empleo con apoyo en comparación con otras metodologías son las actuaciones que componen este sistema. Estas actuaciones diferenciadoras son, principalmente, las siguientes:

- Evaluación de la persona con discapacidad: perfil profesional, capacidades, potencialidades, expectativas y preferencias.

- *Marketing:* contacto con empresarios o empleadores para ofertarles trabajadores y servicios de apoyo continuado.

- Análisis del trabajo: estudio pormenorizado del puesto, sus características, posibilidades y adecuación.

- Análisis de tareas: descomponer las tareas y actividades que el trabajador debe realizar en elementos más simples.

- Entrenamiento en la ejecución de las tareas propias del puesto.

- Detectar conductas problemáticas en el entorno laboral (conductas inapropiadas, desafiantes, etc.) y llevar a cabo un entrenamiento en conductas laborales adaptadas.

- Seguimiento, con el objetivo de asegurar la continuidad en el puesto y reactivar el programa en caso de ser necesario.

De estas actuaciones se desprende que el ECA se diferencia de otras metodologías de empleo en los siguientes elementos:

- El trabajador con discapacidad realiza una elección informada, personal y libre, teniendo en cuenta sus capacidades y potencialidades. Esta capacidad de decisión y elección es relativa al tipo de puesto que desea ocupar, en qué tipo de empresa, con qué condiciones, etcétera.

- Es un proceso centrado en la persona: la persona con discapacidad participa activamente en todas las fases y controla el proceso.

- Los empleadores, empresarios y/o compañeros de trabajo también pueden recibir servicios de apoyo.

- Se crean apoyos individuales y no programas generales.

- La formación y los apoyos se dan con posterioridad a la colocación, y no al revés.

- El trabajador y el preparador laboral evalúan conjuntamente los siguientes elementos:

  - Las necesidades de apoyo.

  - El ajuste trabajador-empleo.

  - La estabilidad del empleo.

  - La satisfacción con el empleo.

  - Las opciones de desarrollo de carrera.

  - La disolución de los apoyos.

  - Etcétera.

- La calidad de vida se considera una meta a alcanzar en los programas de empleo con apoyo.

3.3. Beneficios del empleo con apoyo

Los beneficios del empleo con apoyo son múltiples y pueden agruparse en tres categorías:

- Beneficios para la persona con discapacidad.

- Beneficios para la empresa.

- Beneficios para la sociedad en general.

A continuación, se expondrán detalladamente los beneficios de la metodología de empleo con apoyo para cada grupo.

3.3.1. Para la persona con discapacidad

El empleo es una de las facetas más importantes de cualquier persona, ya que aporta una identidad y un significado a la vida. Realizar un trabajo competitivo no solo contribuye a alcanzar autonomía e independencia económica. El empleo favorece el desarrollo profesional, la realización personal, el establecimiento de relaciones con otras personas (evitando así el aislamiento social), las oportunidades de ser reconocido y asumir responsabilidades.

El empleo con apoyo permite a las personas con discapacidad acceder y mantener un puesto de trabajo acorde a sus capacidades y a sus preferencias e intereses. Por ello, sus beneficios van más allá de la obtención de ingresos económicos, permitiendo una integración social y laboral en entornos normalizados y aumentando sus niveles de calidad de vida.

3.3.2. Para la empresa

La empresa obtiene una serie de beneficios del empleo con apoyo como son:

- Obtener un servicio de contratación gratuito y confidencial.

- El proveedor de servicios de ECA propone únicamente a los trabajadores que puedan realizar las tareas que demanda el puesto, ahorrando tiempo a la empresa en los procesos de selección de personal.

- El empresario tiene acceso al apoyo continuado de un preparador laboral.

- El hecho de que un empresario contrate a una persona con discapacidad puede contribuir a una mejora de la imagen social de la empresa, aumentando el número de clientes y los beneficios. Gracias al empleo con apoyo, una empresa demuestra su compromiso con la responsabilidad social corporativa y se posiciona como una organización que fomenta la igualdad de oportunidades.

- El preparador laboral asesora a la empresa en lo referente a las subvenciones e incentivos de los que puede beneficiarse por contratar a personas con discapacidad.

- El empleo con apoyo pretende lograr el máximo ajuste entre la persona y el puesto de trabajo (capacidades/potencialidades/intereses del trabajador y requisitos/demandas del puesto). Este ajuste es beneficioso tanto para el trabajador como para el empresario.

3.3.3. Para la sociedad en general

La metodología de empleo con apoyo no consiste en conseguir un empleo para que las personas con discapacidad estén «ocupadas con alguna actividad», sino que se trata de que se desarrollen personal y laboralmente en las mismas condiciones que el resto de la población, respondiendo a los principios de normalización e integración.

Esto significa que el empleo con apoyo supone un incentivo para que la sociedad obtenga la mayor eficacia y productividad de todos sus miembros, potenciando de esta manera un efecto positivo en la economía tanto a nivel general como individual.

La integración y la inclusión son siempre preferibles a la segregación y la exclusión social. Por ello, toda la sociedad se beneficia de los servicios y programas de ECA que permiten la integración sociolaboral de las personas con discapacidad en contextos normalizados.

RESUMEN

- El modelo de empleo con apoyo (ECA) se basa en un sistema de apoyo individualizado, que consiste en la provisión de la ayuda imprescindible para que la persona con discapacidad pueda desarrollar por ella misma una actividad laboral en una empresa ordinaria, en igualdad de condiciones que el resto de trabajadores.

- Esta metodología se aplica en los casos de personas con discapacidades severas o con especiales dificultades de inserción que necesitan un acompañamiento intensivo.

- La metodología de empleo con apoyo aporta una visión positiva de la discapacidad, ya que tiene en cuenta las capacidades y potencialidades de la persona para el desempeño de un puesto de trabajo.

- El empleo con apoyo se define como un «sistema de apoyos a las personas con discapacidad u otros grupos en riesgo de exclusión social, para que consigan y mantengan un empleo en el mercado laboral abierto. El apoyo debe darse antes, durante y después de obtener un contrato laboral, incluyendo, además los apoyos al empresario y teniendo como punto clave en todo el sistema, la figura del Preparador Laboral» (*European Union of Supported Employment. EUSE 2011*).

- La Unión Europea de Empleo con Apoyo (EUSE) propone los siguientes principios y valores que deben estar presentes en todas las etapas y actividades del empleo con apoyo: individualidad, respeto, autodeterminación, elección informada, empoderamiento, confidencialidad, flexibilidad y accesibilidad.

- La principal normativa que regula el ECA en España es el Real Decreto 870/2007, de 2 de julio, por el que se regula el programa de empleo con apoyo como medida de fomento de empleo de personas con discapacidad en el mercado ordinario de trabajo.

- El empleo con apoyo responde pues a un enfoque *place-then-train* o colocar y posteriormente entrenar o formar. Otras prácticas de empleo para personas con discapacidad aplican procedimientos de *place-then-train,* es decir, entrenar o formar y luego colocar.

- Los beneficios del empleo con apoyo son múltiples y pueden agruparse en tres categorías: beneficios para la persona con discapacidad, para la empresa y para la sociedad en general.

– El empleo con apoyo permite a las personas con discapacidad acceder y mantener un puesto de trabajo acorde a sus capacidades y a sus preferencias e intereses. Por ello, sus beneficios van más allá de la obtención de ingresos económicos, permitiendo una integración social y laboral en entornos normalizados.

ACTIVIDADES DE AUTOEVALUACIÓN

3.1. Señala la opción correcta en relación con el modelo de empleo con apoyo (ECA):
   a) Consiste en la provisión de la ayuda imprescindible para que la persona con discapacidad pueda desarrollar por ella misma una actividad laboral en un centro especial de empleo.
   b) Se basa en un sistema de apoyo individualizado.
   c) Se aplica en los casos de personas con discapacidades leves que no necesitan un acompañamiento intensivo.

3.2. La metodología de empleo con apoyo es útil para lograr la inserción laboral de...
   a) Personas con discapacidad que, sin recibir apoyos, no serían capaces de conseguir o mantener un puesto de trabajo.
   b) Personas en situación de exclusión o desventaja social.
   c) Ambos colectivos.

3.3. ¿Qué implica el empleo con apoyo?
   a) Un sistema de apoyo individualizado y entrenamiento fuera del entorno laboral.
   b) Un trabajo en las empresas ordinarias de la comunidad con un contrato laboral individual.
   c) Un empleo no remunerado.

3.4. ¿Qué diferencia al empleo con apoyo de otras metodologías de inserción?
   a) La colocación es previa al entrenamiento.
   b) El entrenamiento es previo a la colocación.
   c) La mayor parte del aprendizaje se realiza antes de acceder al puesto de trabajo, aunque también puede ofrecerse formación tras la colocación.

3.5. ¿Qué significa que una característica del empleo con apoyo es el rechazo cero?

   a) Que el ECA es contrario a la idea de que hay personas que no pueden acceder a un empleo (no hay nadie «inempleable»).

   b) Que el ECA puede aplicarse a todas las discapacidades.

   c) Que el ECA asegura la ausencia de rechazo hacia las personas con discapacidad en las empresas.

3.6. ¿Qué significa que el empleo con apoyo es un proceso centrado en la persona?

   a) Que es un proceso que no tiene en cuenta las variables contextuales.

   b) Que es un proceso guiado por la persona con discapacidad, la cual define sus propios objetivos y preferencias, y consensúa el procedimiento con el preparador laboral.

   c) Que es un proceso centrado en que la persona alcance unas metas de inserción prestablecidas.

3.7. ¿A qué principio del empleo con apoyo propuesto por la EUSE se hace referencia cuando se proponen actividades ajustadas a la edad de la persona que la dignifican y son enriquecedoras?

   a) Autodeterminación.

   b) Empoderamiento.

   c) Respeto.

3.8. ¿A qué colectivo pretendía ayudar el empleo con apoyo en sus orígenes?

   d) A las personas con discapacidad física

   a) A las personas con discapacidad intelectual.

   b) A las personas con discapacidad sensorial.

3.9. ¿Cuál de las siguientes opciones es un beneficio del empleo con apoyo para las empresas?

   a) La autorrealización personal de la persona con discapacidad.

   b) El acceso de la persona a un puesto de trabajo acorde a sus preferencias.

   c) El ajuste idóneo entre la persona y el puesto de trabajo.

3.10. Señala la opción incorrecta en relación con la metodología de empleo con apoyo:

a) Se crean apoyos individuales y no programas generales.

b) La persona con discapacidad participa activamente en todas las fases, pero no controla el proceso.

c) El trabajador y el preparador laboral consensúan el plan de trabajo que se va a seguir.

ACTIVIDADES DE APLICACIÓN

3.1. Señala si las siguientes afirmaciones son verdaderas o falsas:

	V	F
El modelo de empleo con apoyo consiste en la provisión de la ayuda imprescindible para que la persona pueda desarrollar por ella misma una actividad laboral en una empresa ordinaria.	❏	❏
La ayuda es proporcionada exclusivamente por los preparadores laborales.	❏	❏
La metodología de ECA aporta una visión positiva de la discapacidad, ya que tiene en cuenta las capacidades y potencialidades de la persona.	❏	❏
El ECA implica un trabajo remunerado en las empresas ordinarias de la comunidad con un contrato laboral individual.	❏	❏
El ECA evita el empowerment de los participantes.	❏	❏

3.2. Enumera los ocho principios y valores que deben estar presentes en todas las etapas y actividades del empleo con apoyo según la Unión Europea de Empleo con Apoyo (EUSE).

3.3. ¿Cuáles fueron los dos antecedentes que hicieron posible el desarrollo de la metodología de empleo con apoyo en España?

3.4. ¿Cuál es la principal normativa reguladora del empleo con apoyo en España?

3.5. Señala tres diferencias entre el empleo con apoyo y otras metodologías de inserción.

CASO PRÁCTICO

Comparación de modelos de empleo con apoyo

Realiza una búsqueda en internet y localiza dos modelos de empleo con apoyo destinados a personas con diferentes tipos de discapacidad (por ejemplo, discapacidad intelectual y discapacidad sensorial).

Algunos ejemplos son:

- Empleo con apoyo: modelo de intervención DOWN ESPAÑA

    https://www.sindromedown.net/wp-content/uploads/2016/03/Modelo-de-intervencion-DOWN-ESPA--A-Empleo-con-Apoyo-Ed.2016.pdf

- Manual de servicios de empleo con apoyo (Plena Inclusión Madrid)

    https://plenainclusionmadrid.org/wp-content/uploads/2018/06/ManualECA.pdf

- Guía de empleo con apoyo para personas con autismo (Confederación Autismo España)

    https://apacv.org/wp-content/uploads/2014/08/guias_4_guia-de-empleo-con-apoyo.pdf

ACTIVIDADES

Analizar y comparar de manera crítica los diferentes modelos de empleo con apoyo, considerando una amplia gama de factores relevantes para la inserción sociolaboral de personas con discapacidad.

Para esta comparativa, puedes utilizar la siguiente guía:

- Descripción y contexto:

    - ¿Qué características distintivas tiene cada modelo de empleo con apoyo para personas con cada tipo de discapacidad?

    - ¿En qué contextos o entornos laborales se implementa cada modelo?

- Estrategias de apoyo:

    - ¿Qué técnicas y herramientas específicas se utilizan en cada modelo para apoyar a las personas con discapacidad?

    - ¿Cómo se adaptan estas estrategias a las necesidades particulares de cada tipo de discapacidad?

    - ¿Cuáles son las etapas en cada modelo de intervención?

- Formación y capacitación:
  - ¿Qué tipo de formación reciben los trabajadores con discapacidad en cada modelo?
  - ¿Qué tipo de capacitación reciben los empleadores y compañeros de trabajo para facilitar la inclusión?
- Evaluación y seguimiento:
  - ¿Cómo se lleva a cabo la evaluación inicial y continua de las necesidades de las personas trabajadoras en cada modelo?
  - ¿Qué indicadores de éxito se utilizan para medir la efectividad de cada modelo?
- Adaptaciones del entorno laboral:
  - ¿Qué adaptaciones del entorno laboral son necesarias en cada modelo para facilitar la integración de los trabajadores con discapacidad?
  - ¿Cómo se garantiza la accesibilidad en los espacios de trabajo?
- Intervención de profesionales de apoyo (mediadores, preparadores laborales...):
  - ¿Qué tipo de profesionales intervienen en cada modelo y cuál es su rol específico?
  - ¿Cómo se coordinan los servicios de apoyo entre los diferentes profesionales y el entorno laboral?
- Beneficios y desafíos:
  - ¿Cuáles son los principales beneficios reportados por las personas con discapacidad y los empleadores en cada modelo?
  - ¿Qué desafíos y barreras se han identificado en la implementación de cada modelo y cómo se abordan?

GLOSARIO

- **Acompañamiento laboral:** proceso de apoyo continuo ofrecido a una persona durante su búsqueda de empleo y en su adaptación a un nuevo puesto de trabajo, con el fin de mejorar su integración y desempeño laboral.

- **Autodeterminación:** capacidad y derecho de una persona para tomar decisiones y controlar su propia vida, incluyendo la elección de su carrera y la manera en que quiere trabajar.

- **Empleo con apoyo:** modelo de empleo que proporciona apoyo individualizado y continuo a personas con discapacidad u otras necesidades especiales, ayudándolas a encontrar y mantener un trabajo en el mercado laboral ordinario.

- *Empowerment:* proceso mediante el cual las personas adquieren el poder y la capacidad para tomar control sobre sus vidas y decisiones, fortaleciendo su confianza, habilidades y participación activa en el ámbito laboral y otros aspectos de su vida.

- **Participación activa:** implicación y contribución consciente y voluntaria de una persona en actividades o procesos, ya sea en el ámbito laboral, comunitario o social, con el objetivo de influir, colaborar y aportar valor de manera significativa.

- **Preparador laboral:** profesional que brinda apoyo y capacitación personalizada a personas con discapacidad u otras necesidades especiales para facilitar su incorporación y adaptación al entorno laboral, asegurando que puedan desempeñar sus funciones de manera efectiva.

MAPA CONCEPTUAL

DESARROLLO DEL MODELO DE EMPLEO CON APOYO PARA PERSONAS CON DISCAPACIDAD

MARCO CONCEPTUAL ECA

MODELO ECA: ELEMENTOS DIFERENCIADORES

BENEFICIOS DEL EMPLEO CON APOYO

MARCO CONCEPTUAL ECA

Empleo con apoyo: sistema de apoyos a las personas con discapacidad para que consigan y mantengan un empleo en el mercado laboral ordinario. El apoyo debe darse antes, durante y después de obtener un contrato laboral, incluyendo además los apoyos al empresario.

Características del empleo con apoyo:

— Su objetivo es el empleo con salarios y beneficios.

— Apoyo continuado y flexible a lo largo de la vida.

— Variedad y adaptación.

— Integración, inclusión social y económica.

— Colocación previa al entrenamiento.

— Rechazo cero.

— Autodeterminación, elecciones e independencia.

— Proceso centrado en la persona.

MODELO ECA: ELEMENTOS DIFERENCIADORES

— Capacidad de decisión y elección: el trabajador con discapacidad realiza una elección informada, personal y libre.

— Proceso centrado en la persona: la persona con discapacidad participa activamente en todas las fases y controla el proceso.

— Empleadores, empresarios y/o compañeros de trabajo también pueden recibir servicios de apoyo.

— Se crean apoyos individuales y no programas generales.

— La formación y los apoyos se dan con posterioridad a la colocación, y no al revés (enfoque *place-then-train*).

— El trabajador y el preparador laboral evalúan conjuntamente los siguientes elementos:

  · Necesidades de apoyo.

  · Ajuste trabajador-empleo.

  · Estabilidad del empleo.

  · Satisfacción con el empleo.

  · Opciones de desarrollo de carrera.

  · Disolución de los apoyos.

— La calidad de vida se considera una meta a alcanzar en los programas de empleo con apoyo.

BENEFICIOS DEL EMPLEO CON APOYO

— Beneficios para la persona con discapacidad.

— Beneficios para la empresa.

— Beneficios para la sociedad en general.

4. Utilización del empleo con apoyo como proceso dinámico centrado en la persona

Contenido

El empleo con apoyo es un proceso dinámico centrado en la persona. Esto significa que es la propia persona con discapacidad la que guía y dirige el proceso de ECA y no al contrario. El programa no dirige a la persona hacia un objetivo concreto y le marca un trayecto prestablecido. Los objetivos y los pasos a dar se establecen de manera consensuada entre en el preparador laboral y la persona, respetando siempre las expectativas y preferencias de esta.

La metodología de ECA contribuye a que la propia persona se conozca a sí misma (sus preferencias, gustos, intereses, capacidades, potencialidades, etc.) y, a su vez, descubra las posibilidades que le ofrece su entorno.

Al ser un proceso dirigido por la persona usuaria, algunos autores indican que el empleo con apoyo tiene un «enfoque dirigido por el cliente». De esta manera, la persona con discapacidad actuaría como un cliente, que manifiesta su deseo de recibir asistencia de un profesional para obtener y mantener un empleo competitivo.

Este planteamiento conlleva que:

- La persona usuaria (cliente) debe tener a su disposición una variedad de oportunidades y poder elegir el proveedor de servicios de ECA.

- Se debe facilitar a la persona usuaria la elección de la carrera.

- Se deben desarrollar apoyos a largo plazo, en la comunidad y en el empleo, para promover la inclusión total.

- La planificación debe estar centrada en la persona (y ser dirigida por ella).

El empleo con apoyo está centrado en la persona, lo que significa que los deseos y las necesidades de la persona con discapacidad son los elementos centrales del proceso. El papel del preparador laboral es servir de apoyo y guía a lo largo del proceso.

4.1. Fases escritas en el modelo de buenas prácticas de la EUSE (Unión Europea de Empleo con Apoyo)

La Unión Europea de Empleo con Apoyo —EUSE (*European Union of Supported Employment*)— es una organización no gubernamental creada en 1993 con el objetivo de desarrollar el empleo con apoyo en los países de Europa. La EUSE fomenta el empleo con apoyo como metodología que ayuda a las personas con discapacidad a acceder, por elección propia, a un empleo remunerado en un entorno integrado, con los apoyos apropiados.

Para lograr la integración sociolaboral de las personas con discapacidad, la EUSE realiza actuaciones encaminadas a:

- Promoción del modelo de empleo con apoyo.

- Intercambio de información y conocimiento de buenas prácticas en el ECA.

- Desarrollo de servicios modelo de empleo con apoyo.

- Creación de una red de contactos con otras organizaciones y asociaciones, en el ámbito Europeo como en el mundial.

Según la EUSE, el empleo con apoyo se basa en un proceso de cinco fases (propuesto como modelo europeo de buenas prácticas). Cada una de estas fases comprende una serie de actividades. Algunas de estas actividades son específicas para un tipo determinado de discapacidad, mientras que otras son de carácter universal, aplicándose a todos los grupos (todos los tipos de discapacidad y personas en situación de desventaja social).

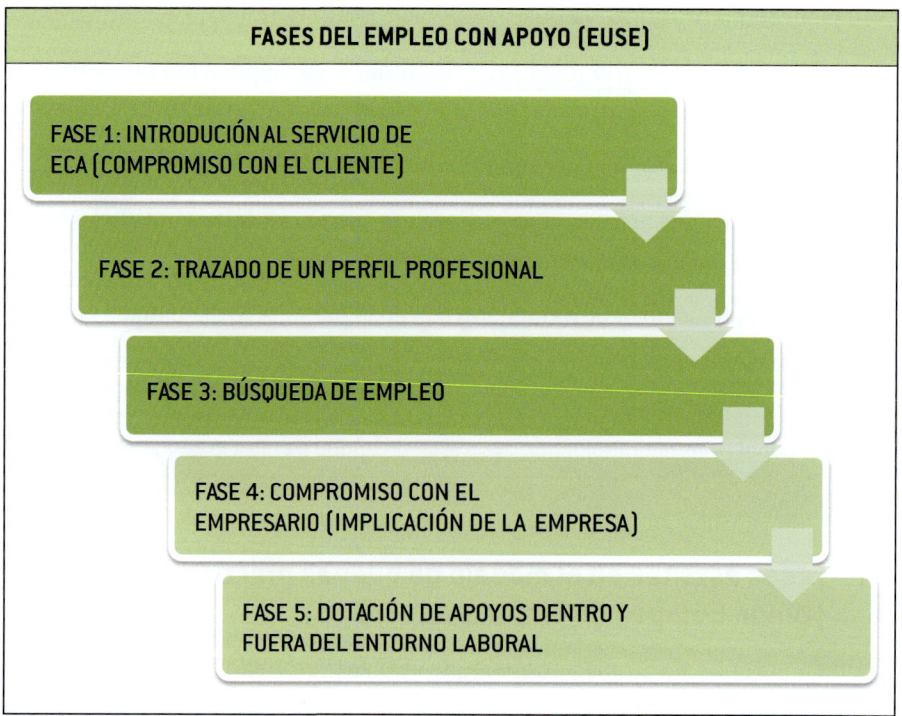

FASES DEL EMPLEO CON APOYO (EUSE)

FASE 1: INTRODUCIÓN AL SERVICIO DE ECA (COMPROMISO CON EL CLIENTE)

FASE 2: TRAZADO DE UN PERFIL PROFESIONAL

FASE 3: BÚSQUEDA DE EMPLEO

FASE 4: COMPROMISO CON EL EMPRESARIO (IMPLICACIÓN DE LA EMPRESA)

FASE 5: DOTACIÓN DE APOYOS DENTRO Y FUERA DEL ENTORNO LABORAL

4.1.1. Introducción al servicio de empleo con apoyo

La primera de las fases que componen el proceso de empleo con apoyo es la introducción al servicio de ECA y el compromiso con el cliente. Los estándares de calidad de la EUSE describen esta etapa como: «Esta fase es posiblemente la que brinda un abanico más amplio de actividades, siendo la mayoría de ellas únicas no solo para los colectivos específicos de personas con discapacidad, sino también para las personas de cualquier otro colectivo en desventaja».

En esta fase se pretenden alcanzar dos objetivos:

- Que la persona usuaria esté convenientemente informada sobre el proceso del empleo con apoyo, para que pueda tomar una decisión sobre si desea participar en un programa de ECA.

- Identificar una entidad u organización que preste servicios de empleo con apoyo adecuada a las necesidades y características de la persona. A la hora de elegir una organización de empleo con apoyo, la EUSE aboga por que las personas puedan elegir entre varios proveedores de servicios. Sin embargo, en algunas zonas geográficas es posible que exista un único proveedor.

El compromiso con el cliente se basa en los principios de individualidad, respeto, accesibilidad, flexibilidad, confidencialidad, autodeterminación, elección informada y empoderamiento (*empowerment*).

Alcanzar un buen compromiso con el cliente es necesario para garantizar que la persona toma decisiones informadas, recibe el servicio que necesita y toma conciencia de lo que implica el proceso de ECA. Por ello, las organizaciones de empleo con apoyo deben:

- Garantizar que la persona está adecuadamente informada, ofreciéndole información clara, precisa, fácilmente entendible y disponible en formatos accesibles.

- Utilizar diferentes métodos de compromiso con las personas con discapacidad: información sobre los servicios (por ejemplo, mediante folletos informativos), reuniones presenciales, uso de las nuevas tecnologías, encuentros con otros agentes (familia, otros profesionales, orientadores...), etcétera.

El proceso de compromiso con el cliente se divide en cinco pasos, aunque, en función de las necesidades de la persona, se puede decidir modificar el orden o, incluso, eludir algún paso.

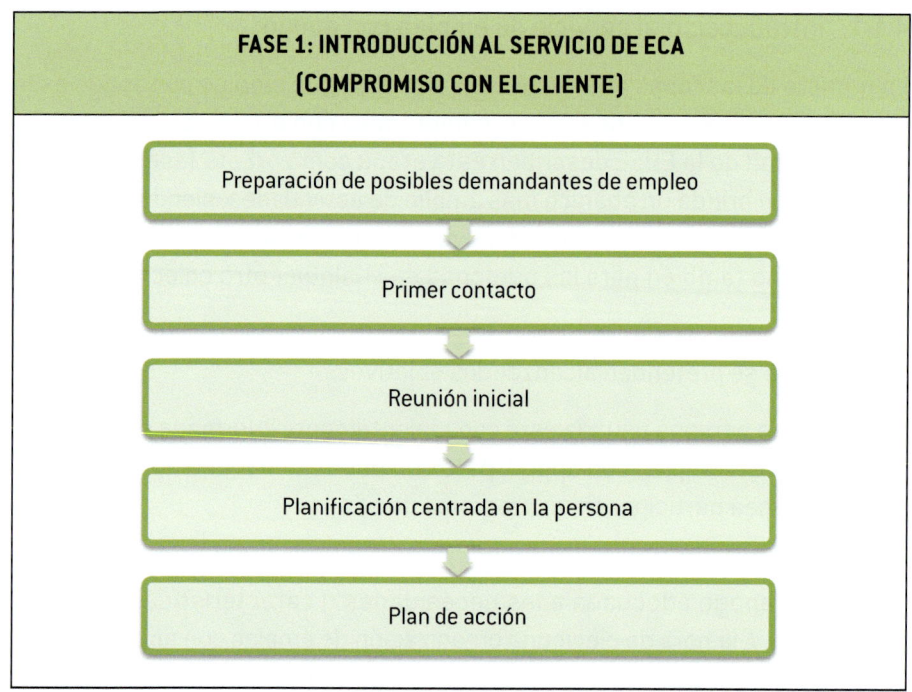

FASE 1: INTRODUCCIÓN AL SERVICIO DE ECA (COMPROMISO CON EL CLIENTE)

- Preparación de posibles demandantes de empleo
- Primer contacto
- Reunión inicial
- Planificación centrada en la persona
- Plan de acción

Pasos: Fase 1 «Introducción al servicio de ECA (Compromiso con el cliente)»

a) *Preparación de los demandantes de empleo*

En primer lugar, los posibles demandantes de empleo se ponen en contacto con las entidades proveedoras de servicios de empleo con apoyo. En este momento, es necesario fomentar que las personas interesadas en el servicio tomen decisiones informadas respecto a sus preferencias laborales. Los proveedores del servicio deben dirigir bien las expectativas, proporcionando información adecuada.

b) *Primer contacto*

Existen varias posibilidades para llevar a cabo este primer contacto (llamada telefónica, correo o visita personal). El objetivo del primer contacto es que la persona posible demandante de empleo se sienta bien acogida. También es necesario consultar y explorar si existen necesidades específicas o cualquier requisito particular para la primera entrevista.

c) *Reunión inicial*

En esta primera reunión resulta fundamental crear un clima de confianza y respeto entre la persona interesada y el proveedor de empleo con apoyo. En esta reunión se facilita información general sobre el servicio de empleo con apoyo y las características del proceso, debiendo asegurarse de que la persona posible demandante de empleo ha comprendido la explicación.

Dependiendo de las necesidades de la persona, puede diferir la cantidad de información recogida en esta reunión y la duración de la misma. En cualquier caso, es necesario animar a la persona a que decida si el servicio de empleo con apoyo es el adecuado para ella.

El resultado de la reunión inicial puede ir desde la recogida de una pequeña cantidad de información hasta el logro de un acuerdo para desarrollar un plan de acción concreto. Una vez acordado un plan de acción, el proceso avanza hacia la siguiente fase del empleo con apoyo (Trazado del perfil profesional).

d) *Discusión de la planificación*

La planificación es un proceso en el que ambas partes participan activamente y consensúan el plan de acción que se va a seguir.

En esta reunión, el preparador laboral debe exponer el sistema de apoyo que el proveedor puede brindar, de manera que la persona conozca qué opciones de empleo tiene y los aspectos relativos al apoyo en el empleo.

También debe tratarse el tema de la implicación de otros agentes, como familia, amigos, maestros, otros profesionales, etc. El preparador laboral debe informar a la persona sobre la posibilidad de implicar a otros agentes y es ella quien debe decidir a quién se incluye en el proceso.

El resultado de la planificación debe constar por escrito y ser firmado tanto por el demandante de empleo como por el preparador laboral.

e) *El plan de acción*

El objetivo de esta etapa es elaborar un plan de acción consensuado, definiendo claramente las metas que se pretende alcanzar y estableciendo un calendario de actuaciones. El plan de acción incluye:

— ¿Qué se va a hacer?

— ¿Con qué objetivo?

— ¿Quién es el responsable de que las acciones se lleven a cabo?

— ¿Cuándo se llevarán a cabo las actuaciones?

— ¿Quién determinará que las acciones se han llevado a cabo y/o finalizado convenientemente?

Plan de acción				
Actuaciones previstas	Agente que las ejecuta	Plazo / fechas estimadas	Indicadores de finalización / objetivos	Persona responsable de determinar la finalización
1				
2				
3				
4				
5				

Una vez concluidas las etapas de esta Primera fase: Introducción al servicio de empleo con apoyo, si se considera oportuno, se puede firmar un acuerdo en el que se recojan los principales aspectos del servicio de empleo con apoyo.

Un modelo de acuerdo o contrato sería:

De una parte D./D.ª (nombre y apellidos del técnico), como técnico/prepara-dor laboral en representación de (nombre de la entidad o proyecto), con domicilio social en (dirección completa).

De otra parte D./D.ª (nombre y apellidos de la persona beneficiaria), como beneficiario/a, con DNI (DNI/NIE) y domicilio en (dirección completa).

(Nombre de la entidad o proyecto) tiene como objetivo la inserción sociolaboral de las personas con dificultades de acceso y/o reincorporación al mercado laboral. El beneficiario manifiesta libremente su voluntad de participar en el proceso de inserción ofrecido por (nombre de la entidad o proyecto).

Las personas firmantes del presente documento se comprometen a cumplir lo pactado en las siguientes acciones (ver cláusulas):

En.........................a............................de..................de 20.......

Firma beneficiario	Firma técnico

El beneficiario se compromete a:

— *Facilitar toda la información necesaria al técnico con el objetivo de que este pueda realizar el diagnóstico y establecer el itinerario de inserción sociolaboral de mutuo acuerdo de la manera más eficaz. Esta información deberá ser veraz.*

— *Acudir al lugar en la fecha y hora en que sea citado. Comunicar con antelación suficiente si no va a poder presentarse a alguna de las diferentes acciones.*

— *Realizar las acciones pactadas en el itinerario de inserción.*

— *Autorizar a (nombre de la entidad o proyecto) para presentar sus datos de carácter personal allí donde sea necesario con el fin de ayudarle en la búsqueda activa de empleo.*

— *Respetar el funcionamiento del centro al que acude, respetar a los técnicos y al resto de los participantes de las diferentes acciones.*

— *Comunicar su abandono del itinerario de inserción previsto.*

(Nombre de la entidad o proyecto) se compromete a:

— *Acompañar, apoyar, tutorizar y realizar un seguimiento individualizado al beneficiario en la planificación, búsqueda y mantenimiento del empleo.*

— *Reorientar los contenidos del plan de trabajo en el caso de que fuera necesario.*

— *Respetar la confidencialidad de los datos del participante (Ley Orgánica 3/2018, de 5 de diciembre, de Protección de Datos Personales y garantía de los derechos digitales).*

— *Respetar las decisiones y preferencias del beneficiario, de forma que el itinerario que se vaya a seguir sea pactado de mutuo acuerdo entre las partes implicadas.*

Estándares de calidad propuestos por la EUSE

La EUSE ha propuesto una serie de estándares de calidad asociados a cada fase del proceso de empleo con apoyo, señalando unos indicadores de los mismos. A continuación, se detallan dichos estándares de calidad para la primera fase «Introducción al servicio de empleo con apoyo»:

Estándares de calidad Fase 1: «Introducción al servicio de empleo con apoyo»	
Estándar de calidad	Indicadores
La persona desfavorecida recibe, de manera adecuada, toda la información necesaria de cara a tomar una decisión sobre si hacer uso de los servicios de la agencia de empleo con apoyo.	— El servicio está ubicado en un edificio accesible, al que la persona puede acceder y utilizar sin ver comprometida su dignidad, y al mismo tiempo se encuentra en una comunidad integrada. — Un miembro del personal recibe a la persona manteniendo en todo momento un talante amistoso, positivo y respetuoso. — Un miembro del personal determina las necesidades comunicativas de la persona, prestando los apoyos necesarios de acuerdo con estas. — La persona controla detalles de la reunión como la fecha, hora, participantes y agenda. — La persona recibe todos los apoyos que esta pueda necesitar para hacer preguntas y también para expresar sus puntos de vista y opiniones. — La persona tiene acceso a toda información disponible sobre el servicio, el proceso de empleo con apoyo y el mercado de trabajo local. — El servicio proporciona a todas las personas un acuerdo de nivel de servicio.

4.1.2. Trazado de un perfil profesional

El proceso de trazado de un perfil profesional es la segunda de las cinco fases de que consta el empleo con apoyo. En esta etapa se llevan a cabo una serie de actividades encaminadas a que la persona descubra y reconozca sus propias capacidades y habilidades, así como sus potencialidades y puntos débiles. Como resultado, se obtiene un detallado perfil profesional que facilitará la tarea de buscar un empleo acorde con el mismo.

En esta fase se recopila y evalúa toda la información relevante sobre las expectativas, intereses, habilidades y aptitudes de la persona para el trabajo. El objetivo fundamental es identificar los intereses, la motivación, las aptitudes laborales, las capacidades y las potencialidades de la persona, así como las necesidades de apoyo, fijando metas realistas para el desarrollo profesional.

La información que debe recogerse en esta fase está relacionada con:

- – Experiencias laborales anteriores.

- – Programas de rehabilitación.

- – Estudios realizados.

- – Aspiraciones y expectativas profesionales.

- – Intereses, gustos y preferencias laborales.

FASE 2: TRAZADO DEL PERFIL PROFESIONAL

- Recogida de información relevante
- Planificación de la carrera y los apoyos
- Plan de acción
- Revisión del plan de acción

Pasos: Fase 2 «Perfil profesional»

a) *Recogida de información relevante*

Para la recogida de información se llevan a cabo una serie de reuniones entre el demandante de empleo, el preparador laboral y otras personas relevantes para reunir información relacionada con el empleo.

La información recogida debe tener una utilidad real para el proceso de ECA, siendo los datos más relevantes:

- Historial laboral (formal e informal). La experiencia puede incluir trabajos en empresas ordinarias o centros especiales de empleo, voluntariado, tareas domésticas, cuidado de otras personas, prácticas formativas, etcétera.

- Historial formativo: formación académica, formación complementaria, cursos realizados, titulaciones o certificaciones obtenidas, etcétera.

- Competencias y habilidades: se recogerá información sobre las siguientes habilidades:

  - Habilidades físicas: existencia de limitaciones y/o discapacidades físicas y tipología de las mismas.

  - Habilidades cognitivas: capacidad de aprendizaje, valoración de situaciones, toma de decisiones, resolución de conflictos, adaptación de la propia conducta a situaciones diferentes, etcétera.

  - Habilidades personales: higiene, autocuidado, responsabilidad, capacidad para realizar desplazamientos de manera independiente, etcétera.

  - Habilidades sociales: habilidades de comunicación verbal y no verbal, capacidad de reconocer y expresar emociones, resolución de conflictos interpersonales, adaptación de la conducta social al entorno, etcétera.

  - Habilidades comunicativas y del lenguaje: necesidad de ayudas específicas para mejorar la comunicación (utilización de sistemas aumentativos y alternativos de comunicación).

- Preferencias laborales: se recogerá información referente a aspectos como:

  - Entornos laborales preferidos: empresa pequeña, mediana o grande; trabajo en el exterior o en espacios interiores; ambiente tranquilo o con un alto grado de actividad, etcétera.

- Ubicación y localización de las empresas.

- Tipo de empleo y sector.

- Horarios: a tiempo completo o parcial, turno de mañana, tarde o noche, turnos rotativos, fines de semana, etcétera.

- Salario y otros beneficios.

  – Aficiones y otros intereses.

b) *Planificación de la carrera y estrategias de apoyo*

Una vez recogida la información referente al perfil profesional, la persona demandante de empleo y el preparador laboral deciden conjuntamente cuáles son los empleos que se ajustan a la realidad del mercado laboral y a las aspiraciones profesionales personales.

Una vez acordado el tipo de trabajo que la persona quiere conseguir, se determinan los apoyos que serán necesarios, tanto dentro como fuera del entorno laboral.

c) *Plan de acción*

Una vez trazado el perfil profesional, se debe convocar una reunión para concretar un plan de acción, en el cual se detallarán los pasos que se necesitan para alcanzar los objetivos y avanzar hacia la siguiente fase del empleo con apoyo (Búsqueda de empleo).

En el plan de acción deben reflejarse tanto los objetivos a largo plazo (generalmente, encontrar y mantener un empleo), como los objetivos intermedios para alcanzarlos. Para cada uno de los objetivos, hay que tomar decisiones acerca de las siguientes cuestiones:

  – ¿Qué quiere alcanzar la persona demandante de empleo?

  – ¿Qué acciones debe realizar la persona demandante de empleo?

  – ¿Quién es responsable de la acción se lleve a cabo?

  – ¿Qué margen de tiempo se estipula para cada acción?

  – ¿Cuáles son los indicadores de logro/éxito?

d) *Revisión del plan de acción*

Para garantizar que el plan de acción tiene éxito, es fundamental realizar un seguimiento y revisión del mismo. Esta revisión permitirá identificar posibles desviaciones y proponer, en el caso de ser necesarias, estrategias alternativas. La persona demandante de empleo y el preparador laboral deben acordar la fecha en la que se realizará la revisión del plan de acción.

La revisión del plan de acción debe valorar cada uno de los elementos que lo componen: qué se quiere conseguir (objetivo); estrategias seguidas (actuaciones realizadas, quién asume la responsabilidad, calendario y plazos...) y los logros alcanzados (indicadores de éxito).

Estándares de calidad propuestos por la EUSE

Los estándares de calidad propuestos por la EUSE para la segunda fase «Trazado del perfil profesional» son:

Estándares de calidad Fase 2: «Trazado del perfil profesional»	
Estándar de calidad	Indicadores
Uso de un enfoque centrado en la persona en la recogida de información pertinente sobre las aspiraciones, intereses y capacidades laborales del individuo.	— Todas las reuniones tienen lugar en un sitio accesible y privado donde el individuo pueda comunicarse con facilidad. — Los métodos de comunicación y *feedback* utilizados son los adecuados para las capacidades de entendimiento y comunicación de la persona, al mismo tiempo que se proporcionan todos los apoyos que este pueda necesitar al respecto. — Se ayuda a la persona a comprender el propósito de facilitar información. — Se ayuda a la persona a identificar a agentes que puedan ser apropiados para colaborar en el proceso. — La persona es dueña de toda la información facilitada y por tanto el uso de dicha información no está permitido sin su previa autorización. — La información facilitada es utilizada para el trazado de un perfil profesional de la persona.

Se ayuda a las personas a tomar decisiones realistas y bien informadas sobre su trabajo y su futuro profesional.	— Las personas exploran oportunidades de empleo de acuerdo con sus intereses, capacidades y necesidades. — Las personas tienen acceso a una gama de oportunidades de empleo de ámbito local. — A las personas se les ayuda a comprender los requisitos asociados a diversos puestos de trabajo y las oportunidades que estos brindan para el desarrollo de ciertas habilidades. — Se proporciona a las personas la oportunidad de participar (con los apoyos requeridos) en trabajos tipo «sombra» y pruebas de trabajo, de duración limitada, con el fin de ayudarles a tomar una decisión bien informada. — Se dota a las personas de oportunidades y apoyos para ayudarles a desarrollar su capacidad de autodeterminación personal, así como la capacidad de tomar decisiones. — Se ayuda a las personas a hacer uso de sus conocimientos y experiencias en la toma de decisiones.
Se elabora un plan personal flexible con todas las personas en búsqueda de empleo.	— El plan se elabora y pacta con la persona y se produce en un formato accesible. — La persona es apoyada durante todo el proceso de elaboración del plan. — Los intereses, aspiraciones y capacidades de la persona quedan reflejados en todos los aspectos del plan. — El plan establece una meta y objetivos de empleo y detalla opciones para alcanzarlos. — El plan define claramente los apoyos y recursos que la persona necesita para alcanzar su meta y objetivos de empleo. — El plan identifica a otras personas adecuadas que puedan asistir al individuo a lograr su meta y objetivos de empleo. — Se ayuda a las personas a que sean ellas los que dirijan su propio plan personal. — El plan contiene una escala de tiempo razonable, y se deja abierta la posibilidad de revisar y corregir el plan. — Todas las personas mantienen una copia firmada de su propio plan personal y son ellas los que deciden qué otras personas deben recibir una copia.

4.1.3. Búsqueda de empleo

Dentro del proceso de empleo con apoyo, la «Búsqueda de empleo» se corresponde con la tercera fase. Durante esta etapa, al igual que ocurre con la totalidad del proceso, la persona demandante de empleo debe ser la que tenga el control sobre las actividades, siendo el papel de la agencia de empleo con apoyo el de orientar y asesorar.

Los servicios de empleo con apoyo deben ofrecer asesoramiento sobre las actividades o técnicas de búsqueda de empleo que mejor se ajustan a las necesidades de la persona usuaria. Algunas de estas actividades son:

- Diseño y elaboración de un *curriculum vitae,* carta de presentación y carta de agradecimiento.

- Búsqueda de ofertas de empleo.

- Respuesta a ofertas de empleo.

- Búsqueda de empresas del sector de interés.

- Envío de autocandidaturas.

- Contacto con empresas.

- Creación de perfiles en redes sociales profesionales.

- Técnicas para afrontar entrevistas de selección.

La metodología de empleo con apoyo utiliza diferentes métodos de búsqueda de empleo con el objetivo de apoyar a la persona con discapacidad para que encuentre un trabajo. Habitualmente, se combinan dos tipos de métodos de búsqueda: métodos formales (inscripción a ofertas de empleo, envío de solicitudes o formularios de empleo, búsqueda en bases de datos de internet, etc.) e informales (redes sociales, boca a boca, etc.). El hecho de que se ponga mayor énfasis en uno de estos métodos depende, principalmente, de las características y necesidades de la persona demandante de empleo.

<u>Pasos: Fase 3 «Búsqueda de empleo»</u>

a) *Planificación de la búsqueda de empleo*

Para planificar la búsqueda de empleo, el preparador laboral y la persona demandante de empleo deben analizar conjuntamente los siguientes elementos:

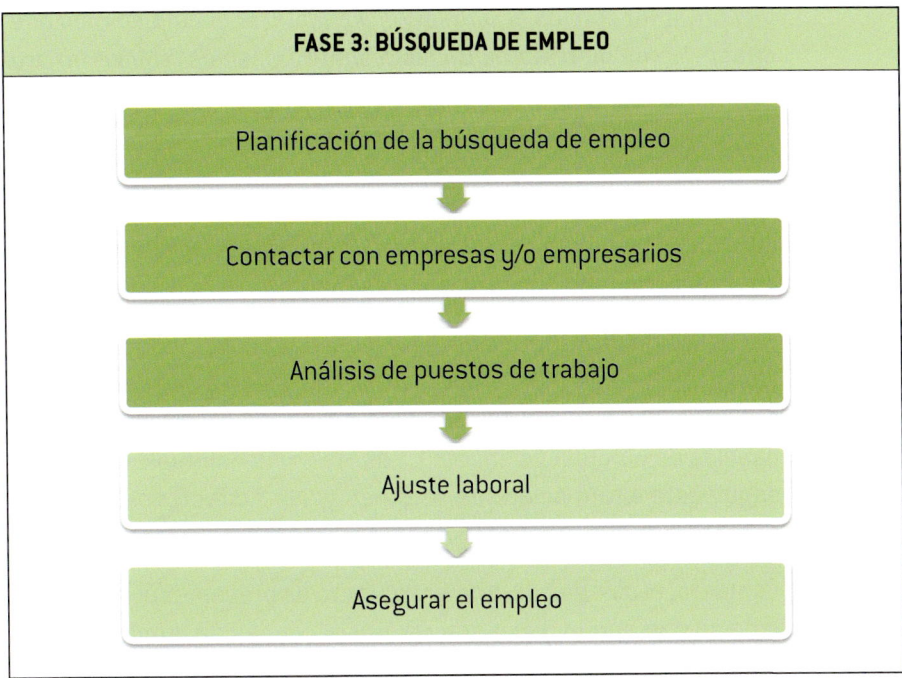

FASE 3: BÚSQUEDA DE EMPLEO

Planificación de la búsqueda de empleo

Contactar con empresas y/o empresarios

Análisis de puestos de trabajo

Ajuste laboral

Asegurar el empleo

– Posibilidades de empleo: conjuntamente, el preparador laboral y la persona demandante de empleo realizan un análisis de la información recogida durante el trazado del perfil profesional y de los apoyos potenciales con que se cuenta para valorar las posibilidades reales de empleo.

– Red de apoyo: mediante reuniones con el demandante de empleo y otros agentes clave se evalúa el apoyo potencial con que se cuenta y, además, se determina qué apoyos adicionales pueden ser necesarios.

– Posibilidades del mercado laboral: consiste en un análisis de las opciones existentes en el mercado laboral, valorando las diferentes fuentes de empleo disponibles: ofertas laborales, redes de contacto (del demandante, del preparador laboral y de otros agentes implicados), entidades implicadas en el empleo con apoyo, consultoras o agencias de recursos humanos, oficinas de empleo públicas, portales de empleo, directorios empresariales, etcétera.

– Elaborar un plan: el preparador laboral y el demandante de empleo deben desarrollar y acordar un plan sobre el mejor modo de contactar con los empresarios y encontrar el empleo más adecuado. Como se trata de un ciclo continuo, se establece un proceso dinámico.

b) *Contacto con empresas/empresarios*

De manera conjunta, el preparador laboral y el demandante de empleo desarrollan un plan para contactar con las empresas de interés. El contacto con las empresas implica cinco elementos:

- Recopilación de información: es necesario recoger toda la información posible acerca del empresario, la empresa y sus características (tipo, tamaño, estructura, sedes, tipos de puestos ofertados, canales de comunicación, etc.). Las vías más habituales para conseguir esta información son: internet, guías o directorios empresariales y contactos locales.

- Contacto: el objetivo del primer contacto es presentar el servicio de empleo con apoyo y explorar las posibilidades de empleo. El contacto puede realizarlo el preparador laboral (previo consentimiento del demandante de empleo) o la propia persona.

  El contacto puede establecerse por diversas vías como *e-mail*, carta, llamada telefónica o visita presencial. Además, es conveniente utilizar material promocional para facilitar este primer contacto (folletos o dosieres informativos, tarjetas de visita, etcétera).

- Reunión con el empresario: generalmente, el preparador laboral se reúne con el empresario en primer lugar para presentar el servicio de empleo con apoyo. En esta reunión, se deberán destacar los beneficios del servicio (ahorro de tiempo en los procesos de selección, servicio gratuito, búsqueda del mejor ajuste posible entre la persona y el puesto, etcétera).

- Tratamiento de objeciones: es habitual que los empresarios manifiesten diferentes objeciones durante la reunión o posteriormente. Por ello, el preparador laboral deberá haber analizado las posibles objeciones y los argumentos para rebatirlas.

- Acuerdo: es necesario acordar con el empresario las acciones siguientes del proceso como, por ejemplo, futuras reuniones o el envío de ofertas laborales de puestos vacantes, etcétera.

c) *Análisis de puestos de trabajo*

«El análisis de puestos de trabajo es el procedimiento para determinar las obligaciones y habilidades requeridas por un puesto de trabajo, así como el tipo de individuo idóneo para ocuparlo» (Gary Dessler, 2005).

El preparador laboral es la persona encargada de recabar toda la información posible sobre el puesto de trabajo vacante en la empresa. Para ello, puede realizar entrevistas con el empresario o responsable en la empresa. También puede remitir a la empresa un cuestionario que haya que cumplimentar con cuestiones sobre los principales elementos que se desean evaluar.

En el análisis de puestos de trabajo (APT) se deben valorar diferentes elementos, como:

– Requisitos y responsabilidades:

  • Requisitos físicos.

    ✓ Esfuerzo físico necesario.

    ✓ Condiciones físicas requeridas.

    ✓ Destrezas o habilidades.

  • Requisitos intelectuales.

    ✓ Aptitudes y capacidades.

    ✓ Competencias técnicas.

    ✓ Competencias transversales.

  • Formación necesaria.

  • Experiencia requerida.

  • Nivel de responsabilidad.

  • Autonomía.

  • Toma de decisiones.

– Contenido del puesto:

  • Descripción del trabajo.

  • Tareas y funciones a desempeñar (análisis de las tareas).

- Materiales, herramientas, equipos...
- Carga de trabajo:
  - ✓ Carga física.
  - ✓ Carga mental.
- Organización del trabajo.
- Resultados esperados del trabajo:
  - ✓ Objetivos a cumplir.
  - ✓ Nivel de productividad esperado.
  - ✓ Nivel de calidad esperado.
- Condiciones de trabajo:
  - Ambiente de trabajo.
  - Entorno laboral y social.
  - Cultura empresarial.
  - Organigrama.
  - Riesgos laborales asociados.
  - Accesibilidad al puesto.
  - Salario y otros beneficios.
  - Horarios y turnos.
- Posibilidades de ofrecer apoyo en el puesto y de organizar apoyos naturales.

d) *Ajuste laboral*

Para determinar si el ajuste entre un puesto de trabajo y un demandante es posible, se debe responder a cuestiones como:

- ¿El demandante es capaz de realizar las tareas propias del puesto?
- ¿Es necesario proporcionar formación o entrenamiento?
- ¿Son necesarias ayudas técnicas y/o adaptaciones del puesto? ¿Estas adaptaciones son realizables? ¿Existe financiación para las mismas?

- ¿Se adapta el empleo a las preferencias y expectativas del deman-dante?

- ¿Puede cumplir el demandante con las condiciones requeridas (ubi-cación, horario, entorno...)?

- ¿El demandante conoce y acepta las implicaciones en lo referente a las prestaciones sociales o a la pensión que recibe?

- ¿El demandante puede cumplir las expectativas? ¿Necesita un periodo de prueba o prácticas?

- ¿El demandante dispone del apoyo necesario? ¿El empresario dis-pone del apoyo necesario?

- ¿El puesto de trabajo es accesible?

e) *Asegurar el empleo*

Para que el ajuste laboral alcanzado sea duradero, es conveniente acordar un método de revisión del mismo. Además, se debe redactar y firmar un contrato en el que se recojan los acuerdos alcanzados en relación con:

- Responsabilidades de cada agente implicado: empresario, compa-ñeros, demandante de empleo y preparador laboral.

- Suministro de apoyos y quién los proporcionará.

- Productividad y calidad requerida en el puesto de trabajo.

Estándares de calidad propuestos por la EUSE

Los estándares de calidad propuestos por la EUSE para la tercera fase «Bús-queda de empleo» son:

Estándares de calidad Fase 3: «Búsqueda de empleo»	
Estándar de calidad	Indicadores
Se facilita a la persona formación y apoyos para encontrar un empleo.	— La persona dispone de oportunidades de formación y apoyos para la realización de una serie de actividades relacionadas con la búsqueda de empleo. — La persona controla su grado de participación en el proceso de solicitud de empleo y reclutamiento.

Continúa en la página siguiente

	— Se ayuda a la persona, cualquiera que sea su nivel de desventaja, a participar al máximo en la especificación de su propio puesto de trabajo, así como en los contactos con la empresa.
	— Se ayuda y prepara a la persona a negociar con la empresa unas condiciones de empleo que se ajusten a sus propias necesidades específicas.
Se ayuda a la persona a encontrar el mejor trabajo posible.	— La agencia establece contactos con empresas de ámbito local, es miembro de grupos locales de empresarios y asiste a los acontecimientos organizados por estos.
	— Las diversas actividades relacionadas con la búsqueda de empleo están sujetas a un desarrollo y revisión continuos.
	— El plan de especificación del puesto y de *marketing* refleja las tendencias actuales de empleo a nivel local y regional, e incluye planes para el desarrollo de oportunidades de formación y empleo. Se identifica un puesto apropiado para la persona haciendo uso del perfil profesional y del análisis del lugar de trabajo.
	— Se comunican inmediatamente a la persona los resultados de la búsqueda de puestos de trabajo apropiados.
	— Se ayuda a la persona a tomar decisiones bien informadas sobre las oportunidades de empleo existentes, al mismo tiempo que se le presta apoyo en el paso a la siguiente fase.

4.1.4. Implicación de la empresa

En la cuarta fase del proceso de empleo con apoyo se pretende lograr la implicación de la empresa y el compromiso con el empresario (*Employer Engagement*). Esta fase está íntimamente relacionada con la anterior («Búsqueda de empleo»), ya que en ella se pusieron en marcha actuaciones que se encaminaban a lograr este objetivo, como contactos con empresas, reuniones con empresarios, presentación de los servicios de empleo con apoyo a diferentes empresas, etcétera.

Las actividades propias de esta fase dependen del grado de implicación de la empresa, así como del formato en que se desarrollen los contactos con esta.

En esta fase se valorará, junto con la empresa, la candidatura de la persona demandante de empleo para cubrir el puesto vacante.

Estándares de calidad propuestos por la EUSE

Los estándares de calidad propuestos por la EUSE para la cuarta fase «Implicación de la empresa» son:

Estándares de calidad Fase 4: «Implicación de la empresa»	
Estándar de calidad	Indicadores
Se presta apoyo a la empresa para encontrar a la persona más adecuada para ocupar el puesto.	— Las necesidades de la empresa, requisitos del puesto y entorno laboral están claramente definidos en el perfil de la empresa elaborado por el Servicio de Empleo con Apoyo. — Las funciones del Servicio de Empleo con Apoyo son expuestas claramente y mercadeadas a la empresa. — En toda práctica realizada sobre discapacidad, desventaja y antidiscriminación se incluye información, asesoramiento y cursos de concienciación. — Se presta ayuda y formación a los trabajadores del lugar de trabajo para que puedan apoyar al trabajador con discapacidad gracias al desarrollo de estrategias de apoyos naturales. — Las personas que sufren desventaja son promocionadas de forma positiva por la empresa. — Se ayuda a la empresa a determinar apoyos adecuados a través del uso de técnicas de creación de empleo. — Se presta ayuda y preparación a las persona que sufren desventaja para la realización de labores de concienciación dentro de la empresa. — La empresa tiene acceso continuado al Servicio de Empleo con Apoyo. — Se crean oportunidades para desarrollar pruebas de empleo, trabajos «sombra» y visitas al lugar de trabajo. — Se establecen contactos empresa-empresa. — El Servicio de Empleo con Apoyo trabaja en colaboración con la empresa durante todo el proceso. — Se recoge *feedback* de la empresa sobre sus experiencias en relación on el empleo con apoyo.

4.1.5. Dotación de apoyos dentro y fuera del puesto de trabajo

La dotación de apoyos, tanto dentro como fuera del entorno laboral es la quinta fase del proceso de empleo con apoyo. Los apoyos proporcionados son uno de los elementos distintivos del empleo con apoyo que lo diferencian de otros servicios de colocación tradicionales.

Las personas con discapacidad que reciben apoyos para el desempeño de sus puestos de trabajo consiguen acceder y mantener un empleo remunerado en el mercado laboral ordinario con mayor estabilidad que quienes no lo reciben.

Todas las medidas de apoyo deben estar centradas en la persona y ser flexibles. Por ello, los apoyos variarán en cuanto a su grado, duración, intensidad y naturaleza en función de las necesidades, capacidades y situación laboral de cada persona. Es necesario analizar cada situación particular para determinar cuándo, dónde y por quién se debe prestar apoyo. En cualquier caso, la provisión de apoyos dentro y fuera del lugar de trabajo capacita a la persona con discapacidad y facilita su desarrollo profesional, dándole la oportunidad de aprender y de trabajar en una empresa ordinaria.

Cuando haya sido especificado el tipo y el grado de apoyo necesario, se elabora y redacta un plan de acción individual que se detallen las actuaciones a llevar a cabo y se especifique quiénes son los responsables de las mismas y los plazos de tiempo establecidos para ello.

Los apoyos deben tender a desaparecer de manera gradual, sustituyéndose por otros apoyos naturales (intrínsecos) en el contexto laboral (por ejemplo, compañeros de trabajo). La estrategia de disolución de apoyos y/o sustitución de los mismos debe estar planificada y consensuada entre la persona con discapacidad, el preparador laboral y la empresa.

El preparador laboral solo debe prestar apoyo en el lugar de trabajo cuando no sea suficiente con el apoyo natural disponible en la empresa. De igual manera ocurre con el apoyo que se presta fuera del entorno laboral, ya que el preparador laboral debe fomentar los apoyos naturales tanto dentro como fuera del entorno laboral.

En el entorno laboral, habrá casos en los que sea el propio preparador laboral quien trabaje con la persona con discapacidad en el puesto de trabajo. En otras ocasiones, será un mentor (compañero de trabajo u otra persona de la empresa) quien acompañe y apoye a la persona.

La dotación de apoyos no solo se limita a los que recibe directamente el empleado. El preparador laboral también ofrece apoyo a los demás trabajadores y responsables de la empresa, con el objetivo de que los compañeros sean capaces de enseñar y apoyar a la persona con discapacidad.

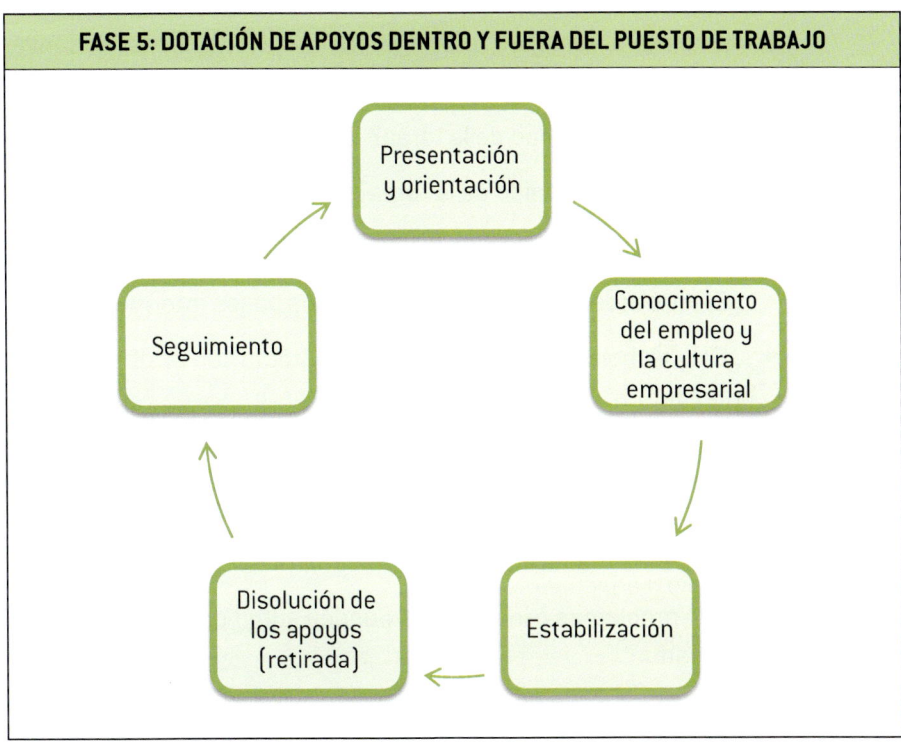

FASE 5: DOTACIÓN DE APOYOS DENTRO Y FUERA DEL PUESTO DE TRABAJO

Pasos: Fase 5 «Dotación de apoyos»

a) *Presentación y orientación*

Cuando la persona comienza a trabajar en la empresa comienza el primer paso de la fase «Dotación de apoyos», la cual consiste en presentar al empleado a sus compañeros y superiores. Por otro lado, se le informa de las tareas que deberá realizar y sobre otras cuestiones relevantes del empleo y/o de la empresa.

Desde el inicio de la actividad laboral, es necesario fomentar los apoyos naturales. Para ello, el preparador laboral puede, por ejemplo, solicitar a algún compañero que actúe como mentor de la persona con discapacidad (el trabajador debe realizar esta actividad de mentoring de manera voluntaria).

El proceso a seguir es el siguiente:

– La persona con discapacidad conoce las tareas que debe realizar.

- El empresario explica el apoyo y/o formación que habitualmente se ofrece a los nuevos trabajadores.

- El preparador laboral y la persona con discapacidad valoran conjuntamente las tareas. Para realizar el análisis de las tareas, es conveniente responder a cuestiones como:

  - ¿Cuál es la finalidad de la tarea?

  - ¿Cuál es el contenido de la tarea?

  - ¿Cuáles son los pasos en los que se descompone de la tarea?

  - ¿En qué orden se deben realizar dichos pasos intermedios?

  - ¿En qué momentos hay puntos de contacto con otros compañeros?

  - ¿Cuánto se tarda habitualmente en llevar a cabo esta tarea?

  - ¿Qué herramientas, materiales o instrumentos se necesitan?

  - ¿Cuál es la manera óptima de ejecutar la tarea?

  - ¿Qué problemas o incidencias pueden surgir en la realización de la misma?

  - ¿Alguien debe revisar el resultado y/o la ejecución de la tarea (además del propio empleado)?

  - ¿Cómo podemos saber si la tarea ha sido realizada correctamente?

- El empleado debe aclarar con la mayor precisión posible cuánta ayuda necesitará, a parte de la que habitualmente ofrece la empresa.

- El empleado debe decir cómo y de quién prefiere recibir ese apoyo adicional.

- Con esta información, el preparador laboral y el empleado se reúnen con el empresario para tratar estos asuntos y poder elaborar un plan de acción individual.

b) *Conocimiento del empleo y la cultura empresarial*

Una vez superada la primera etapa de esta fase, el trabajo se centra en el aprendizaje de las tareas, el establecimiento de relaciones laborales con los compañeros de trabajo y el conocimiento de la cultura empresarial.

En esta etapa hay dos objetivos prioritarios:

–   Que la persona con discapacidad consiga realizar sus tareas de acuerdo a los niveles de productividad y calidad exigidos por la empresa.

–   Que la persona con discapacidad se sienta integrada en el ámbito laboral, percibiendo que es aceptada y valorada por sus compañeros y superiores.

Como se ha comentado anteriormente, los apoyos en el puesto de trabajo los puede proporcionar el preparador laboral (solo en el caso de que no sean suficientes los apoyos naturales) o un compañero que actúe como mentor. En este último caso, el preparador laboral ofrecerá su apoyo al compañero/mentor para que pueda formar y apoyar al nuevo empleado adecuadamente.

En cualquier caso, el preparador laboral debe coordinar el proceso, asegurándose de que el empleado recibe todo el apoyo que necesita para desempeñar sus funciones en la empresa. El apoyo dentro y fuera del entorno laboral puede darse de diversas maneras. El preparador laboral tiene la responsabilidad de que la forma elegida sea la más apropiada para la persona y, además, sea aceptable para el empresario.

Tipos de apoyos	
Asesoramiento	– El preparador laboral, debido a sus conocimientos especializados, debe asesorar tanto a la persona con discapacidad como al empresario y a los compañeros de trabajo. – El asesoramiento fomenta la toma de decisiones informada.
Orientación	– La orientación es un tipo de apoyo con un nivel de intensidad y duración mayor que el asesoramiento. – Es un proceso interactivo que pretende ayudar a la persona en la resolución de problemas y en la toma de decisiones. – El preparador laboral ofrece orientación a las personas con discapacidad para que estas sean capaces de enfocarse en sus logros, redefiniendo los fracasos como oportunidades para aprender y mejorar.

Continúa en la página siguiente

Consejos	– Cuando el preparador laboral no dispone de determinados conocimientos especializados, aconseja a la persona sobre dónde dirigirse para obtener la información que necesita. – En el apoyo se trata de proporcionar información de contacto de especialistas en determinados asuntos o, incluso, de realizar el primer contacto con ellos.
Aprendizaje de habilidades	– Para el aprendizaje y adquisición de determinadas habilidades requeridas en los puestos de trabajo, las personas con discapacidad suelen necesitar la aplicación de métodos de enseñanza e instrucción personalizados y sistemáticos.
Entrenamiento individualizado	– Este apoyo consiste en la repetición de ejercicios prácticos con el objetivo de mejorar y/o desarrollar una habilidad o competencia. – Estas mejoras de habilidades pueden hacer referencia a diferentes aspectos: rapidez del trabajo, precisión, calidad, productividad, etcétera. – El preparador laboral debe proponer los ejercicios, evaluarlos y dar *feedback* (retroalimentación) sobre la ejecución realizada (pasos realizados correctamente y aspectos que mejorar y/o modificar).
Asistencia	– En algunos casos, es necesaria una asistencia prolongada para poder realizar determinadas tareas en el puesto de trabajo. – Ejemplos de situaciones en las que se podría requerir una asistencia prolongada serían: intérprete de lengua de signos para personas con discapacidad auditiva, asistencia para personas con una gran discapacidad física, etcétera.
Adaptaciones y reestructuración	– Algunas personas con discapacidad pueden necesitar la adaptación y/o reestructuración del puesto de trabajo para poder desempeñar sus tareas. – Existen diferentes herramientas y tecnologías de apoyo, así como sistemas de ayuda y adaptaciones que el preparador laboral debe conocer.

Para para integrarse socialmente en una organización, resulta fundamental conocer la cultura empresarial y adaptarse a ella. Por lo tanto, el preparador laboral debe proveer los apoyos necesarios para preparar y formar a la persona con discapacidad en lo relativo a las conductas y las habilidades sociales requeridas en la empresa. Para lograr este cometido, puede apoyarse en el uso de herramientas como los juegos de rol (*role-playings*) o el apoyo entre iguales.

En algunas ocasiones, es necesario realizar ajustes y adecuar las tareas a las habilidades y necesidades de la persona con discapacidad. Para ello, pueden utilizarse estrategias como:

- Puesto simplificado: las tareas que son excesivamente complicadas y difíciles de ejecutar para la persona se eliminan de su puesto de trabajo. En compensación, puede asumir otras tareas de sus compañeros que sí pueda realizar adecuadamente.

- Puesto moldeado: en este caso, se trata de crear un nuevo empleo adaptado a las capacidades de la persona. Las tareas de este nuevo puesto proceden de la combinación de diferentes trabajos que se realizan dentro la empresa.

- Puesto enriquecido: a las tareas asignadas inicialmente se le suman nuevas tareas acordes con las capacidades de la persona.

En el caso de que no exista la posibilidad en la empresa de realizar estos ajustes, o bien estas adaptaciones de puestos no funcionen, el preparador laboral, de manera consensuada con la persona con discapacidad, deberá plantear otras alternativas como: cambio de tareas, traslado a otro departamento o sección y, en último lugar, cambio de empleo.

c) *Estabilización*

Una vez que la persona con discapacidad ha aprendido a realizar correctamente sus tareas, comienza la etapa de estabilización. En esta etapa, se pretende conseguir que la persona desarrolle las habilidades que ya ha adquirido y se fomenten las relaciones interpersonales con los compañeros.

En esta fase debe continuar el contacto regular entre el preparador laboral, el empleado y el empresario, mediante la realización de reuniones para evaluar el desempeño, valorar posibles problemas y fijar nuevos objetivos.

d) *Disolución de los apoyos*

El objetivo de esta fase es reducir el nivel de apoyo ofrecido e, incluso, retirar los apoyos. Es necesario destacar que existen grandes diferencias individuales. Algunos trabajadores con discapacidad requieren un apoyo continuado durante largos periodos de tiempo, mientras que otros solo lo necesitan al inicio de su actividad laboral.

Las estrategias de retirada de apoyos externos y/o sustitución por apoyos naturales (por ejemplo, los compañeros) deben estar planificadas y consensuadas con la persona con discapacidad.

El objetivo de la retirada gradual de apoyos externos es fomentar la autonomía de la persona con discapacidad y favorecer la consolidación de los apoyos naturales. En cualquier caso, el preparador laboral debe estar siempre disponible, aunque no en primera línea, sino como un apoyo invisible que actuará en el caso de ser necesaria su presencia.

e) *Seguimiento*

La retirada de los apoyos externos no significa la desaparición de la figura del preparador laboral. La persona con discapacidad y los demás agentes implicados en el proceso (como compañeros de trabajo o empresario) deben poder disponer del apoyo del preparador laboral siempre que lo necesiten.

Por otro lado, el preparador laboral debe mantener el contacto de manera activa con el trabajador y con la empresa, manteniéndose informado del avance de la persona, así como de posibles incidencias que puedan surgir.

Este seguimiento permite afrontar las posibles situaciones problemáticas. Si el preparador laboral está al tanto de la situación de la persona con discapacidad en la empresa, podrá anticipar posibles cambios o prever la aparición de problemas, poniendo en marcha las medidas oportunas. Incluso, si fuera necesario abandonar el puesto de trabajo por algún motivo, el hecho de mantenerse en contacto permanente con el preparador laboral facilitará la búsqueda inmediata de un nuevo empleo.

El preparador laboral debe fomentar la formación continua del trabajador, animándole a participar en acciones formativas que se ofrezcan tanto dentro como fuera de la empresa, mejorando sus oportunidades de desarrollo profesional.

Establecimiento de planes de apoyo

Es recomendable redactar un plan de apoyos en el que se detalle la descripción del apoyo que la persona necesita (tipo, intensidad, duración, frecuencia, persona que lo presta, etc.), así como las áreas de repercusión de dicho apoyo.

Las áreas de repercusión del apoyo pueden ser muy variadas, entre las que destacan:

- Desempeño de tareas asignadas.
- Adaptación a dinámica laboral.
- Adaptación a la cultura empresarial.
- Gestión del tiempo.
- Relación con los responsables y superiores.
- Relaciones con los compañeros.
- Autonomía.
- Motivación.

Un ejemplo de cuadro-resumen donde se detalle el plan de apoyos es:

Descripción del apoyo					Área de repercusión	Fecha de inicio	Fecha de fin
Tipo	Duración	Intensidad	Frecuencia	Quién lo presta			

Estándares de calidad propuestos por la EUSE

Los estándares de calidad propuestos por la EUSE para la Quinta fase Dotación de apoyos son:

Estándares de calidad Fase 5: «Dotación de apoyos»	
Estándar de calidad	Indicadores
La formación y apoyos proporcionados al empleado son adecuados y efectivos, al mismo tiempo que estimulan la independencia en el lugar de trabajo y el ascenso.	— El Servicio de Empleo con Apoyo trabaja con el empleado con el fin de determinar la perspectiva preferida de formación y aprendizaje que se ajuste a sus necesidades personales de este. — Se elabora un plan de formación y acción accesible. — El personal del Servicio adopta una serie de enfoques preferidos de apoyo y aprendizaje que a su vez sean de carácter discreto. — Todos los apoyos y tecnologías asistenciales utilizadas son apropiadas para el lugar de trabajo al mismo tiempo que permiten una mejora en el rendimiento y en el estatus del empleado. — El empleado dispone de formación y apoyos flexibles, encaminados a facilitarle la relación con otras personas dentro y fuera del lugar de trabajo. — El empleado dispone de formación y apoyo encaminados a facilitarle la participación en eventos sociales organizados por la empresa, dentro y fuera del lugar de trabajo. — Se ayuda al empleado a formar parte, junto con otros empleados no discapacitados, en todas los fases/actividades típicas de un nuevo empleo, tales como la inducción, el periodo de prueba y procedimientos de rendimiento y desarrollo. — Se ayuda al empleado a negociar las condiciones de empleo de acuerdo con sus necesidades personales.

El buscador de empleo encuentra y mantiene un trabajo remunerado en el mercado de trabajo ordinario.	— Existe un contrato de trabajo válido y estable acordado por ambos, empleado y empresa. — El contrato de trabajo recoge las preferencias del trabajador con respecto a días laborables, jornada laboral, vacaciones, pautas de trabajo y paga. — Los empleados reciben la misma paga y beneficios que los otros empleados realizando un trabajo igual. — El empleado permanece en el puesto de trabajo por un periodo mínimo de seis meses.
El empleado es un compañero de trabajo valorado y miembro del conjunto de trabajadores.	— Tanto la empresa como los compañeros de trabajo proporcionan una serie de apoyos naturales. — El empleado mantiene buenas relaciones con sus compañeros de trabajo. — El empleado tiene la oportunidad de participar en actividades sociales junto con otros compañeros fuera del lugar de trabajo.
El empleado dispone de oportunidades de desarrollo profesional.	— El empleado dispone de oportunidades de desarrollo profesional. Conforme el empleado va desarrollando sus capacidades, se exploran las posibilidades de desarrollo y promoción profesional. — Se ayuda al empleado a considerar oportunidades de desarrollo profesional, tanto internas como externas. — Se proporciona ayuda al empleado para participar en actividades de formación de desarrollo profesional.

FASES DEL EMPLEO CON APOYO DE LA EUSE (UNIÓN EUROPEA DE EMPLEO CON APOYO)

FASE 1:
INTRODUCIÓN AL SERVICIO DE ECA (COMPROMISO CON EL CLIENTE)

- Preparación de posibles demandantes de empleo
- Primer contacto
- Reunión inicial
- Planificación centrada en la persona
- Plan de acción

FASE 2:
TRAZADO DE UN PERFIL PROFESIONAL

- Recogida de información relevante
- Planificación de la carrera y los apoyos
- Plan de acción
- Revisión del plan de acción

FASE 3:
BÚSQUEDA DE EMPLEO

- Planificación de la búsqueda de empleo
- Contactar con empresas y/o empresarios
- Análisis de puestos de trabajo
- Ajuste laboral
- Asegurar el empleo

FASE 4:
IMPLICACIÓN DE LA EMPRESA

- Compromiso con el empresario

FASE 5:
DOTACIÓN DE APOYOS DENTRO Y FUERA DEL ENTORNO LABORAL

- Presentación y orientación
- Conocimiento del empleo y la cultura empresarial
- Estabilización
- Disolución de los apoyos (retirada)
- Seguimiento

Fase 1: Introducción al servicio de empleo con apoyo	La persona desfavorecida recibe, de manera adecuada, toda la información necesaria de cara a tomar una decisión sobre si hacer uso de los servicios de la agencia de Empleo con Apoyo.
Fase 2: Trazado del perfil profesional	Uso de un enfoque centrado en la persona en la recogida de información pertinente sobre las aspiraciones, intereses y capacidades laborales del individuo.
	Se ayuda a las personas a tomar decisiones realistas y bien informadas sobre su trabajo y su futuro profesional.
	Se elabora un plan personal flexible con todas las personas en búsqueda de empleo.
Fase 3: Búsqueda de empleo	Se facilita a la persona formación y apoyos para encontrar un empleo.
	Se ayuda a la persona a encontrar el mejor trabajo posible.
Fase 4: Implicación de la empresa	Se presta apoyo a la empresa para encontrar a la persona más adecuada para ocupar el puesto.
Fase 5: Dotación de apoyos	La formación y apoyos proporcionados al empleado son adecuados y efectivos, al mismo tiempo que estimulan la independencia en el lugar de trabajo y el ascenso.
	El buscador de empleo encuentra y mantiene un trabajo remunerado en el mercado de trabajo ordinario.
	El empleado es un compañero de trabajo valorado y miembro del conjunto de trabajadores.
	El empleado dispone de oportunidades de desarrollo profesional.

4.1.6. Adaptaciones del modelo de ECA según el colectivo de intervención

El empleo con apoyo es una metodología que puede aplicarse a diferentes colectivos con especiales dificultades de inserción laboral. Concretamente, las personas con discapacidad y las personas en situación de exclusión o desventaja social pueden beneficiarse del ECA.

Aunque en sus inicios el empleo con apoyo fue concebido para el colectivo de personas con discapacidad intelectual, actualmente se aplica a personas con discapacidad física, sensorial, autismo, parálisis cerebral, enfermedad mental, en riesgo de exclusión o desventaja social, etc., realizando las modificaciones y adaptaciones oportunas.

Las estrategias de empleo con apoyo se basan en las características y las necesidades de cada persona. Estas características individuales determinarán el tipo y la intensidad del apoyo que necesitan. Por ello, es fundamental valorar las capacidades, potencialidades y características de cada persona y relacionarlas con su proyecto profesional.

A menudo, las personas con discapacidad se enfrentan a las mismas barreras y obstáculos, con independencia del tipo de discapacidad. Sin embargo, todos los colectivos no siempre comparten las mismas necesidades y, es por ello, que resulta necesario realizar las adaptaciones oportunas en cada caso.

Debido a la heterogeneidad del colectivo de personas con discapacidad, los tipos de apoyo necesario y su intensidad no pueden generalizarse. En un mismo colectivo, las diferencias individuales y situacionales hacen necesarias distintas formas de intervención. Es decir, lo que determina las necesidades de apoyo dentro y fuera del contexto laboral no es el tipo y grado de discapacidad, sino la situación específica de cada persona.

Las adaptaciones del modelo de empleo con apoyo en función del colectivo de intervención pueden ser relativas a:

- El tipo de apoyo, su intensidad y alcance (duración, frecuencia) en las diferentes fases.

- El tiempo que es necesario invertir en cada una de las fases.

- La forma en que se concreta el apoyo.

- Los agentes implicados (sanitarios, psicosociales, comunitarios, etcétera).

Personas con discapacidad intelectual

Es el colectivo que más participa y se beneficia del ECA. Es un grupo muy heterogéneo que puede presentar necesidades muy diversas, ya que pueden manifestar diferentes grados en aspectos como: coeficiente intelectual, grado de fatigabilidad, nivel de autonomía, grado de autodeterminación, capacidad de decisión, habilidades sociales y comunicativas, etcétera.

Algunos de los elementos que se deben tener en cuenta para adaptar el modelo de ECA a las personas con discapacidad intelectual son:

- Con frecuencia, no han trabajado previamente ni poseen una formación especializada.

- Consideran el trabajo como una importante vía para alcanzar la integración social y desarrollar un rol adulto.

- En ocasiones, sus expectativas no están ajustadas a la realidad del mercado laboral o a sus capacidades.

- Generalmente, presentan necesidad de recibir formación o entrenamiento en habilidades sociales y comunicativas.

- Es muy importante valorar el papel de las familias, ya que, en ocasiones, pueden obstaculizar el proceso al sobreproteger a la persona y no fomentar su autonomía.

- Es necesario hacer hincapié en los aprendizajes cognitivos e instrumentales, así como en el desarrollo de la autonomía.

- Se aconseja realizar un apoyo con marcado carácter presencial del preparador laboral, especialmente en las fases iniciales de incorporación al puesto de trabajo.

Personas con enfermedad mental

En el caso de personas con enfermedad mental, la metodología de empleo con apoyo presenta una serie de peculiaridades relacionadas con la presencia de una situación psicopatológica estable en el momento de la inserción laboral. Por ello, resulta fundamental tener en cuenta aspectos como el control de los síntomas asociados a la enfermedad mental y la coordinación con diferentes recursos y agentes (sanitarios, psicosociales y laborales) que puedan estar implicados en el proceso de rehabilitación de la persona.

El tiempo invertido en el proceso de inserción laboral de una persona con enfermedad mental es diferente al empleado con una persona con discapacidad intelectual (Hoekstra y cols. 2004). En los casos de discapacidad intelectual se invierte más tiempo en el apoyo individualizado que se proporciona en el puesto de trabajo. Por el contrario, en los casos de enfermedad mental, son necesarios más apoyos en las fases previa y posterior a la inserción (seguimiento).

Algunos de los elementos que se deben tener en cuenta para adaptar el modelo de ECA a las personas con enfermedad mental son:

- Es un colectivo muy heterogéneo y diverso. Las dificultades pueden proceder de áreas muy diversas: dificultades de adaptación y conductas sociales inapropiadas, déficits cognitivos, dificultades derivadas de la sintomatología de la enfermedad, efectos secundarios de la medicación psiquiátrica, etcétera.

- El principal obstáculo para la inserción laboral de este colectivo es de carácter social, ya que es un colectivo muy estigmatizado y rechazado habitualmente por la población. Para evitar este tipo de obstáculos, la existencia del trastorno de salud mental del trabajador solo se pone en conocimiento del responsable superior y/o de la persona que le tenga a su cargo en la empresa.

- El tipo e intensidad de apoyo variará en función de las características de cada trabajador, de la enfermedad mental que padezca, del momento de la vida en que se inicia la enfermedad, de la intensidad de la misma, etcétera.

- Durante el proceso, hay que atender al desarrollo de la enfermedad mental, ya que pueden producirse remisión o aparición de síntomas que pueden afectar al desempeño en el puesto de trabajo. Por ello, en el caso de personas con enfermedad mental, es recomendable iniciar los procesos en los periodos de estabilidad psicopatológica.

- No siempre son necesarias las acciones previas a la inserción (formación en habilidades y destrezas, preparación para el trabajo, motivación, etcétera).

- En el análisis de las tareas del puesto de trabajo, es fundamental identificar los elementos generadores de estrés para cada persona.

- Los apoyos con las personas que padecen enfermedades mentales suelen caracterizarse por ser apoyos externos (fuera de las horas de trabajo), evitándose, en la medida de lo posible, el acompañamiento presencial en el puesto de trabajo.

- Este colectivo suele presentar una menor necesidad de formación en las tareas del puesto y más orientación para la búsqueda de trabajo y adaptación social.

- El seguimiento debe ser sistemático, estableciendo un calendario de reuniones y/o entrevistas frecuentes. Esto es debido a la importancia de detectar anticipadamente cualquier cambio que pueda afectar al estado de salud mental del trabajador para actuar inmediatamente (alternancia de compañeros, modificación de horarios, cambio de puesto de trabajo o de tareas, ascenso, etcétera).

- Se recomienda favorecer la implicación y colaboración de la familia y/o el entorno social más próximo, haciéndoles comprender que la inserción laboral de la persona es una medida terapéutica para la inserción social y de salud.

- Es fundamental una actuación coordinada de los diferentes servicios (de inserción laboral, servicios sociales, sanitarios, etcétera).

Personas con discapacidad sensorial

Las principales discapacidades sensoriales son visuales o auditivas. Algunos de los elementos que se deben tener en cuenta para adaptar el modelo de ECA a las personas con discapacidad sensorial son:

- El principal obstáculo para la inserción laboral de este colectivo son las limitaciones comunicativas.

- Las estrategias de intervención se centran en facilitar/mejorar la comunicación, mediante medidas como:

  - Ofrecer apoyo a la empresa para que sean capaces de comunicarse con la persona.

  - Utilizar ayudas técnicas y medios tecnológicos que fomenten la autonomía de la persona con discapacidad sensorial.

- Generalmente, presentan menos necesidades de formación en cuanto a competencias o destrezas profesionales.

- Las adaptaciones en la empresa están encaminadas a que la persona reciba la misma información que los demás compañeros.

- Se trabaja especialmente en las fases iniciales de incorporación al puesto de trabajo.

Personas con discapacidad física

Al igual que en los colectivos anteriormente expuestos, las personas con discapacidad física forman un grupo muy heterogéneo (diferentes tipos y grados de limitaciones físicas). Además, es necesario destacar que las discapacidades físicas pueden afectar a otras áreas, como la capacidad comunicativa, y existe una elevada incidencia de plurideficiencias, presentándose otros problemas de salud añadidos.

Algunos de los elementos que tener en cuenta para adaptar el modelo de ECA a las personas con discapacidad física son:

- Los apoyos ofrecidos y su intensidad dependerán del tipo de discapacidad y de las limitaciones que tenga la persona.

- La metodología de empleo con apoyo es muy adecuada cuando las limitaciones están relacionadas con aspectos como la movilidad, la manipulación, el esfuerzo, el equilibrio, etc. En estos casos, se requieren adaptaciones y/o modificaciones en las tareas del puesto de trabajo.

- El ECA también es muy adecuado cuando las adaptaciones están relacionadas con la utilización de ayudas tecnológicas (mecánicas o electrónicas) o la asistencia del personal de apoyo.

ANEXO. EJEMPLO DE FICHA DE EMPRESA COLABORADORA

Nombre / razón social	
CIF/NIF	
Sector	
N.º de empleados	
Principales productos y/o servicios que ofrece	
Asociaciones empresariales a las que pertenece	
Convenio colectivo	
Nombre y cargo de la persona de contacto	
Teléfono	
Correo electrónico	
Dirección	
Principales áreas/departamentos de necesidad de la empresa	
Perspectivas de crecimiento/oportunidades	
Necesidades específicas	
Técnico de referencia del servicio de inserción laboral	
Otros datos de interés	

Historial de actuaciones		
Fecha	Actuación	Resultados

Tipos de actuaciones:

❑ Visita
❑ Reunión de trabajo
❑ Solicitud de candidaturas
❑ Apertura de proceso de selección

❑ Cierre de proceso de selección
❑ Encuesta de satisfacción
❑ Valoración de resultados de inserción
❑ Otras

ANEXO. EJEMPLO DE FICHA «OFERTA DE EMPLEO»

EMPRESA:		
Persona de contacto/cargo		
Datos de contacto	Teléfono	
	E-mail	
	Fax	
Fecha de envío de la oferta		
Técnico de referencia		
Perfil solicitado/condiciones laborales		
Denominación del puesto		
Tareas y funciones		
Departamento/sección		
Personal a cargo		
Número de vacantes		
Ubicación del puesto (dirección)		
Horario/turno		
Tipo de contrato y duración		
Categoría profesional		
Salario		
Otros beneficios sociales		
Fecha prevista de incorporación		
Accesibilidad	❏ No existen barreras de acceso al edificio ❏ No existen barreras dentro del edificio ❏ Dispone de servicios adaptados ❏ No accesible ❏ Posibilidad de realizar adaptaciones/ajustes	

Requisitos		
Formación	Estudios mínimos	
	Formación deseada	
Experiencia	Duración	
	Puesto	
	Tareas	
Informática	Programas	
	Nivel	
Idiomas	Idioma/nivel	
	Idioma/nivel	
	Idioma/nivel	
Conocimientos técnicos		
Otras habilidades o destrezas		

RESUMEN

- El empleo con apoyo es un proceso dinámico centrado en la persona. Esto significa que es la propia persona con discapacidad la que guía y dirige el proceso de ECA y no al contrario.

- El empleo con apoyo es una metodología que puede aplicarse a diferentes colectivos con especiales dificultades de inserción laboral. Concretamente, las personas con discapacidad y las personas en situación de desventaja social pueden beneficiarse del ECA.

- Las estrategias de empleo con apoyo se basan en las características y las necesidades de cada persona. Estas características individuales determinarán el tipo y la intensidad del apoyo que necesitan. Por ello, es fundamental valorar las capacidades, potencialidades y características de cada persona y relacionarlas con su proyecto profesional.

- Al ser un proceso dirigido por la persona usuaria, algunos autores indican que el empleo con apoyo tiene un «enfoque dirigido por el cliente». De esta manera, la persona con discapacidad actuaría como un cliente, que manifiesta su deseo de recibir asistencia de un profesional para obtener y mantener un empleo competitivo.

- La Unión Europea de Empleo con Apoyo – USE (*European Union of Supported Employment*)– es una organización no gubernamental creada en 1993 con el objetivo de desarrollar el empleo con apoyo en los países de Europa.

- La EUSE fomenta el empleo con apoyo como metodología que ayuda a las personas con discapacidad a acceder, por elección propia, a un empleo remunerado en un entorno integrado, con los apoyos apropiados.

- Según la EUSE, el empleo con apoyo se basa en un proceso de cinco fases (propuesto como modelo europeo de buenas prácticas): introducción al servicio de ECA, trazado de un perfil profesional, búsqueda de empleo, compromiso con el empresario y dotación de apoyos dentro y fuera del entorno laboral.

  - La fase 1 «Introducción al servicio de ECA (Compromiso con el cliente)» consta de los siguientes pasos: preparación de los demandantes de empleo, primer contacto, reunión inicial, discusión de la planificación y establecimiento del plan de acción.

  - La fase 2 «Perfil profesional» consta de los siguientes pasos: recogida de información relevante, planificación de la carrera y estrategias de apoyo, establecimiento del plan de acción y revisión del plan.

- La fase 3 «Búsqueda de empleo» consta de los siguientes pasos: planificación de la búsqueda de empleo, contacto con empresas/empresarios, análisis de puestos de trabajo, determinación del ajuste laboral y asegurar el empleo.

- La fase 4 «Implicación de la empresa» está íntimamente relacionada con la fase 3 y busca asegurar la implicación de la empresa.

- La fase 5 «Dotación de apoyos dentro y fuera del puesto de trabajo» consta de los siguientes pasos: presentación y orientación, conocimiento del empleo y la cultura empresarial, estabilización, disolución de los apoyos y seguimiento.

- Debido a la heterogeneidad del colectivo de personas con discapacidad, los tipos, el apoyo necesario y su intensidad no pueden generalizarse. En un mismo colectivo, las diferencias individuales y situacionales hacen necesarias diferentes formas de intervención. Es decir, lo que determina las necesidades de apoyo dentro y fuera del contexto laboral no es el tipo y grado de discapacidad, sino la situación específica de cada persona.

- Las adaptaciones del modelo de empleo con apoyo en función del colectivo de intervención pueden ser relativas al tipo de apoyo, su intensidad y alcance (duración, frecuencia) en las diferentes fases; el tiempo que es necesario invertir en cada una de las fases, la forma en que se concreta el apoyo y los agentes implicados (sanitarios, psicosociales, comunitarios, etcétera).

ACTIVIDADES DE AUTOEVALUACIÓN

4.1. ¿En qué fase del ECA propuesto por la Unión Europea de Empleo con Apoyo-EUSE (*European Union of Supported Employment*) se pretende conseguir el compromiso del cliente?

   a) En la fase 1 «Introducción al servicio de empleo con apoyo».

   b) En la fase 3 «Búsqueda de empleo».

   c) En la fase 4 «Implicación de la empresa».

4.2. En la fase 1 del ECA («Introducción al servicio de empleo con apoyo»), se debe informar convenientemente a la persona usuaria para...

   a) Que pueda decidir si desea acceder al servicio de empleo con apoyo o no.

   b) Que pueda determinar qué entidad u organización que preste servicios de empleo con apoyo se ajusta mejor a sus necesidades y características.

   c) Ambos respuestas son correctas.

4.3. ¿En qué fase del ECA se pretende conseguir que la persona descubra y reconozca sus propias capacidades y habilidades?

   a) En la fase 1 «Introducción al servicio de empleo con apoyo».

   b) En la fase 2 «Trazado del perfil profesional».

   c) En la fase 3 «Búsqueda de empleo».

4.4. ¿En qué fase del ECA se comparan las opciones existentes en el mercado laboral y el perfil profesional de la persona usuaria?

   a) En la fase 1 «Introducción al servicio de empleo con apoyo».

   b) En la fase 2 «Trazado del perfil profesional».

   c) En la fase 3 «Búsqueda de empleo».

4.5. ¿Quién establece el plan para contactar con las empresas en la fase de «Búsqueda de empleo»?

   a) La persona con discapacidad junto con el preparador laboral.

   b) El preparador laboral, ya que es quien dispone de los conocimientos sobre el mercado laboral.

   c) El Servicio de Empleo con Apoyo.

4.6. ¿Quién debe recabar la información sobre el puesto a cubrir en la fase 3 «Búsqueda de empleo»?

a) El preparador laboral.

b) El empresario.

c) La persona usuaria del servicio.

4.7. ¿En función de qué elementos variarán los apoyos ofrecidos (grado, duración, intensidad y naturaleza)?

a) En función de la disponibilidad de recursos en la empresa.

b) En función de las necesidades, capacidades y situación laboral de cada persona.

c) En función del apoyo natural ofrecido por la familia de la persona con discapacidad.

4.8. ¿Qué opción es correcta en relación con la disolución de los apoyos?

a) Los apoyos deben interrumpirse de manera no escalonada cuando dejen de ser necesarios.

b) Los apoyos extrínsecos deben ser sustituidos gradualmente por otros apoyos naturales en el contexto laboral.

c) La estrategia de disolución de apoyos debe estar consensuada entre el preparador laboral y la empresa.

4.9. ¿Qué colectivo suele presentar una menor necesidad de formación en las tareas del puesto y más orientación para la búsqueda de trabajo y adaptación social?

a) Personas con discapacidad intelectual.

b) Personas con discapacidad sensorial.

c) Personas con enfermedad mental.

4.10. ¿En qué consiste la estrategia «puesto moldeado» para adaptar el puesto a las características de la persona?

a) En eliminar del puesto las tareas que son excesivamente complicadas y difíciles de ejecutar para la persona.

b) En crear un nuevo empleo adaptado a las capacidades de la persona, integrando tareas procedentes de diferentes trabajos que se realizan dentro la empresa.

c) En sumar tareas nuevas al puesto acordes con las capacidades de la persona.

ACTIVIDADES DE APLICACIÓN

4.1. Completa el siguiente esquema con las fases escritas en el modelo de buenas prácticas de la EUSE (Unión Europea de Empleo con Apoyo).

| Fase 1: | Fase 2: | Fase 3: | Fase 4: | Fase 5: |

4.2. ¿A qué fase se asocia el estándar de calidad propuesto por la EUSE «La persona recibe toda la información necesaria de cara a tomar una decisión sobre si hacer uso de los servicios de la agencia de empleo con apoyo»?

4.3. Completa el siguiente esquema con los pasos que componen la fase «Trazado del perfil profesional».

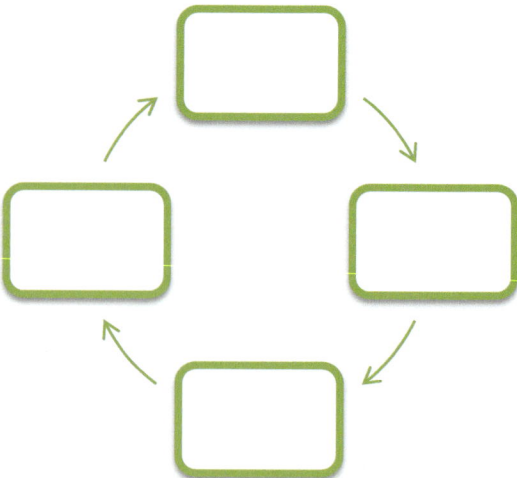

4.4. Elabora un modelo de cuadro-resumen donde reflejar el plan de acción elaborado en la fase «Trazado del perfil profesional».

4.5. Indica las cuatro etapas que componen la fase «Búsqueda de empleo».

4.6. Señala si las siguientes afirmaciones son verdaderas o falsas, en relación con las adaptaciones del modelo de ECA según el colectivo de intervención.

	V	F
El colectivo que más participa y se beneficia del ECA es el de las personas con discapacidades sensoriales.	❑	❑
En el caso de personas con discapacidad intelectual, no se aconseja realizar un apoyo con marcado carácter presencial del preparador laboral.	❑	❑
En el caso de personas con trastornos mentales, la existencia del mismo solo debe ponerse en conocimiento del superior y/o de la persona que la tenga a su cargo en la empresa.	❑	❑
En todos los colectivos siempre son necesarias acciones previas a la inserción (formación en habilidades y destrezas, preparación para el trabajo, motivación, etcétera).	❑	❑
Las estrategias de intervención en las personas con discapacidad sensorial se centran en facilitar y/o mejorar la comunicación.	❑	❑
En el caso de personas con discapacidad sensorial, se trabaja especialmente en las fases finales de incorporación al puesto de trabajo.	❑	❑

CASO PRÁCTICO

Integración de una persona con discapacidad intelectual en un entorno de trabajo administrativo

CONTEXTO

María es una joven de 25 años con discapacidad intelectual leve. Ha finalizado recientemente un curso de formación en tareas administrativas y está muy motivada para empezar a trabajar. Una empresa local ha mostrado interés en contratarla para el puesto de auxiliar administrativa. Sin embargo, el equipo de recursos humanos de la empresa no tiene experiencia en la integración de personas con discapacidad y se sienten inseguros sobre cómo apoyarla adecuadamente.

Responde a las siguientes cuestiones:

1. Evaluación inicial:

   - ¿Qué aspectos deberían considerarse en la evaluación inicial de María para determinar las adaptaciones necesarias en su puesto de trabajo?

   - ¿Qué técnicas se podrían utilizar para evaluar sus habilidades y limitaciones?

2. Diseño del plan de apoyo:

   - Describe un plan de apoyo específico para María en sus primeros tres meses en el puesto.

   - ¿Qué tipo de formación y sensibilización debería recibir el equipo de trabajo para facilitar la integración de María?

   - ¿Qué tipo de apoyos necesitaría María dentro y fuera del puesto de trabajo?

   - ¿Cuáles serían las características de dichos apoyos?

   - ¿Cómo puede el equipo de apoyo garantizar que María tenga acceso a asistencia inmediata en caso de que encuentre dificultades en su trabajo?

3. Inclusión y sensibilización del personal:

- ¿Qué medidas tomarías para promover una cultura inclusiva en la fábrica y sensibilizar a los compañeros de trabajo de María sobre la importancia de la inclusión?

- ¿Cómo se podría involucrar a María en actividades y decisiones de la empresa para asegurar que se sienta valorado y parte del equipo?

4. Seguimiento y evaluación:

- ¿Qué indicadores de éxito establecerías para evaluar la integración de María en su nuevo puesto?

- ¿Cómo implementarías un sistema de seguimiento y evaluación continuo para asegurar que María está recibiendo el apoyo necesario?

GLOSARIO

- **Acuerdo de nivel de servicio:** (SLA, por sus siglas en inglés): contrato entre un proveedor de servicios y un cliente que define el nivel de servicio esperado, incluyendo métricas de rendimiento, responsabilidades y tiempos de respuesta.

- **Ajuste laboral:** modificaciones o adaptaciones en el entorno, las tareas o las condiciones de trabajo para asegurar que una persona con discapacidad pueda desempeñar su trabajo de manera efectiva y en igualdad de condiciones.

- **Análisis de puestos de trabajo** (APT): proceso de evaluación detallada de las tareas, responsabilidades, habilidades y requisitos necesarios para un puesto de trabajo específico. Este análisis ayuda a identificar los ajustes razonables necesarios para personas con discapacidad.

- **Autocandidatura:** acción de una persona que se postula para un puesto de trabajo de manera proactiva, enviando su currículum y/o carta de presentación a una empresa, incluso cuando no hay una oferta de empleo publicada.

- **Cultura empresarial:** conjunto de valores, creencias, normas y prácticas que caracterizan la forma en que una organización realiza sus operaciones y trata a sus empleados, clientes y la comunidad.

- *Employer engagement:* práctica de construir relaciones sólidas y colaborativas entre empresas y trabajadores. Se refiere al compromiso de empleados y representa el nivel de compromiso y conexión emocional que los trabajadores tienen con su organización.

- **Estándar de calidad:** conjunto de criterios y normativas que definen el nivel de calidad esperado en los productos, servicios o procesos de una organización. Asegura que las prácticas y resultados cumplan con ciertos niveles de excelencia.

- *EUSE (European Union of Supported Employment):* organización europea que promueve y apoya el empleo con apoyo para personas con discapacidad, compartiendo buenas prácticas y desarrollando políticas inclusivas a nivel europeo.

- **Historial laboral:** registro de los empleos anteriores de una persona, incluyendo detalles sobre las funciones desempeñadas, las fechas de empleo y las habilidades adquiridas en cada puesto.

- **Plan de acción:** documento que detalla los pasos específicos que se deben seguir para alcanzar determinados objetivos. Incluye tareas, plazos y responsables, y se utiliza para guiar la implementación de estrategias de inserción laboral.

- **Planificación de carrera:** proceso mediante el cual una persona define sus objetivos profesionales a largo plazo y traza un camino para alcanzarlos, considerando sus habilidades, intereses y oportunidades de desarrollo.

- **Planificación de apoyos:** identificar y coordinar los recursos y servicios necesarios para que una persona con discapacidad pueda desempeñar su trabajo de manera efectiva. Incluye formación, ajustes en el lugar de trabajo y apoyo continuo.

- **Preferencias laborales:** condiciones y características del empleo que una persona valora y busca en su trabajo, como el tipo de tareas, el entorno laboral, el horario y la ubicación.

- *Role-playing:* técnica que implica la representación de situaciones reales en un entorno simulado. En el contexto laboral, se utiliza para practicar habilidades y manejar situaciones potenciales antes de enfrentarlas en la vida real.

MAPA CONCEPTUAL

UTILIZACIÓN DEL EMPLEO CON APOYO COMO PROCESO DINÁMICO CENTRADO EN LA PERSONA: FASES

FASE 1: INTRODUCCIÓN AL SERVICIO DE ECA

1. Preparación de posibles demandantes de empleo
2. Primer contacto
3. Reunión inicial
4. Planificación centrada en la persona
5. Plan de acción

FASE 2: TRAZADO DEL PERFIL PROFESIONAL

1. Recogida de información relevante
2. Planificación de la carrera y los apoyos
3. Plan de acción
4. Revisión del plan de acción

FASE 3: BÚSQUEDA DE EMPLEO

– Planificación de la búsqueda de empleo
– Contacto con empresas
– Análisis de puestos de trabajo
– Ajuste laboral
– Asegurar el empleo

FASE 4: COMPROMISO CON EL EMPRESARIO

– Implicación de la empresa

FASE 5: DOTACIÓN DE APOYOS DENTRO Y FUERA DEL ENTORNO LABORAL

– Presentación y orientación
– Conocimiento del empleo y la cultura empresarial
– Estabilización
– Disolución de los apoyos (retirada)
– Seguimiento

5. Descripción de los agentes implicados en el empleo con apoyo

Contenido

En los procesos de empleo con apoyo intervienen diferentes agentes, además del preparador laboral y la persona con discapacidad o en situación de desventaja social. Estos agentes pueden ser, por ejemplo, los familiares de la persona, sus amigos o red de contactos próxima, profesores, orientadores, otros profesionales, etcétera.

Algunos agentes implicados en el empleo con apoyo están presentes desde el inicio del proceso. Sin embargo, otros agentes se implican posteriormente. Incluso, existe la posibilidad de que, en respuesta a algunas demandas del proceso, se necesiten nuevos agentes no considerados inicialmente.

En cualquier caso, el ECA es un proceso centrado en la persona, por lo que la decisión de quién debe formar parte del proceso tiene que ser acordada con la persona con discapacidad. Si procede, la persona usuaria y el preparador laboral pueden redactar y firmar un acuerdo consensuado sobre la implicación de los agentes (quién participará en el proceso, en qué momento y cuál será su grado de implicación).

5.1. Agentes intervinientes

Los principales agentes intervinientes en el empleo con apoyo son:

- La persona usuaria (persona con discapacidad o en situación de desventaja social).
- La empresa.
- Los apoyos naturales.
- El preparador laboral.

A continuación, se expondrán las principales características de cada uno de estos agentes implicados en el empleo con apoyo.

5.1.1. La persona con capacidades diversas

Según la Convención Internacional sobre los Derechos de las Personas con Discapacidad (2006), «las personas con discapacidad incluyen a aquellas que tengan deficiencias físicas, mentales, intelectuales o sensoriales a largo plazo que, al interactuar con diversas barreras, puedan impedir su participación plena y efectiva en la sociedad, en igualdad de condiciones con las demás».

Esta definición implica que el colectivo de personas con discapacidad es un grupo muy heterogéneo, tanto en el tipo de discapacidad, en el grado de la misma y en el nivel de presencia o ausencia de otros factores muy importantes (personales, ambientales, etc.) que pueden actuar como barreras o como facilitadores.

Comúnmente, las discapacidades se clasifican atendiendo a su origen y a su tipología:

- Según el origen de la discapacidad, esta puede ser:

  - Por nacimiento: congénita o perinatal.

  - Sobrevenida: adquirida por enfermedad o accidente.

- Según la tipología, las discapacidades pueden clasificarse en tres grandes categorías: discapacidades físicas, sensoriales y psíquicas:

  - Las discapacidades físicas se deben a deficiencias de tipo motor y/o visceral.

  - Las discapacidades sensoriales son aquellas originadas por deficiencias en los sentidos, principalmente deficiencias auditivas y visuales.

  - Las discapacidades psíquicas se agrupan en dos grandes categorías: discapacidad intelectual y trastorno mental.

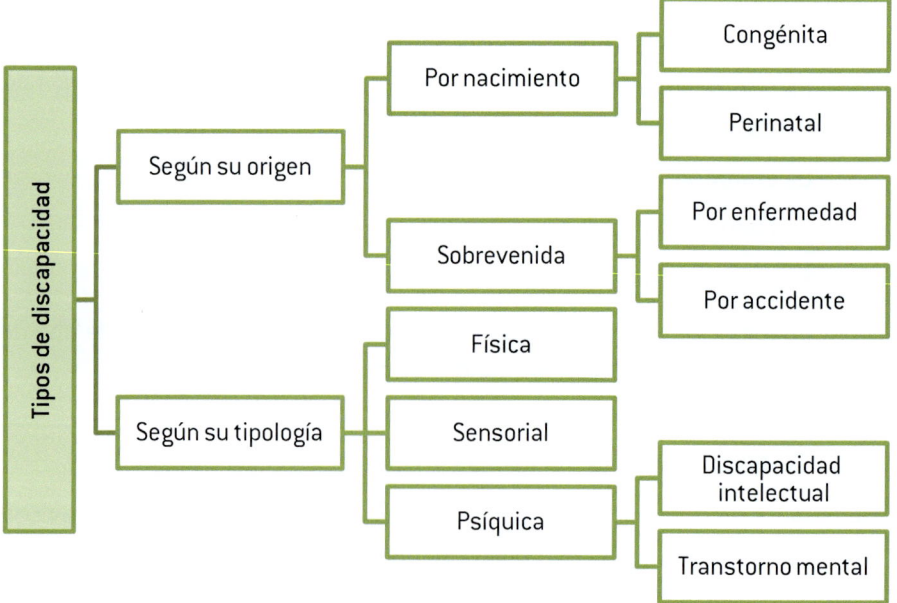

5.1.2. La empresa

Otro de los agentes implicados en los procesos de empleo con apoyo son las empresas y los empresarios. Las principales acciones que se llevan a cabo para contactar con las empresas y sensibilizar a los empresarios y responsables de las mismas:

- Diseño de materiales informativos, como dosieres, trípticos, folletos, etcétera.

- Envío de los materiales informativos a las empresas.

- Contacto con las empresas a través de diferentes vías: llamada telefónica, correo electrónico, visita presencial (previa cita)...

- Envío de candidaturas a las empresas en respuesta a las ofertas de empleo y envío de autocandidaturas.

- Asistencia a foros y ferias de empleo.

- Contacto con asociaciones empresariales.

- Organización de jornadas o sesiones de trabajo con empresas colaboradoras, asociaciones o empresas potencialmente colaboradoras.

- Charlas o sesiones informativas con el objetivo de sensibilizar al tejido empresarial.

- Campañas en medios de comunicación.

- Contacto con las empresas u organizaciones empresariales a través de recursos sociales o asociaciones.

- Aplicación de cuestionarios para determinar las necesidades de las empresas.

En los procesos de empleo con apoyo, las principales dificultades relacionadas con las empresas a las que hay que hacer frente son:

- Desconocimiento de las capacidades y potencialidades de los trabajadores con discapacidad.

- Prejuicios o experiencias previas negativas.

- Incumplimiento de la cuota de reserva de plazas establecida por la Ley General de derechos de las personas con discapacidad y de su inclusión social. Esta normativa establece la obligatoriedad de reservar un 2 % de la plantilla para trabajadores con discapacidad en las empresas con más de 50 trabajadores.

- Solicitud por parte de la empresa de un tipo de discapacidad específica.

- Trato a las personas con discapacidad con un estilo sobreprotector o paternalista, infantilizando a estos trabajadores.

- Falta de tiempo y recursos en la empresa.

- Falta de conocimiento de los incentivos y subvenciones por la contratación de personas con discapacidad.

- Desconocimiento de los servicios de empleo con apoyo.

Todas estas limitaciones ponen de manifiesto la importancia de contar con preparadores laborales y/o prospectores de empleo cualificados, que conozcan la situación del mercado laboral y sean capaces de abordar las objeciones que pueden plantear las empresas.

Por otro lado, resulta fundamental la realización de campañas y/o jornadas de sensibilización que ofrezcan información rigurosa y desmonten falsos mitos.

5.1.3. Los apoyos naturales

Los apoyos naturales (aquellos dados por personas como compañeros, mentores, amigos, etc.) son un pilar fundamental para el éxito del empleo con apoyo. Estos apoyos favorecen la normalización en los puestos de trabajo, fomentando la pertenencia al grupo, la autonomía y autodeterminación, la toma de decisiones, la resolución de conflictos, etcétera.

Los apoyos naturales son un punto clave en los procesos de inserción e influyen decisivamente en el éxito del empleo con apoyo. Esta influencia positiva se basa, principalmente, en aspectos tales como:

- El apoyo natural presta ayuda para el desempeño de las tareas encomendadas al trabajador con discapacidad.

- Favorece la creación de vínculos y relaciones con otros compañeros.

- Fomenta la integración en la organización y la adaptación a la cultura empresarial.

- Aporta confianza a la persona con discapacidad y le acompaña en su evolución.

- Facilita la retirada del preparador laboral (disolución de apoyos extrínsecos).

- Favorece la estabilidad del trabajador con discapacidad en el puesto de trabajo.

- Informa a los servicios de empleo con apoyo de todo lo que sucede en la empresa (evolución, posibles problemas o incidencias, desempeño, etcétera).

Es importante destacar la voluntariedad de los apoyos naturales en la empresa. Estas personas acompañan y apoyan al trabajador con discapacidad de manera voluntaria y altruista. Para designarlas, se puede atender a diferentes indicadores:

- Roles que habitualmente se cumplen dentro de la empresa (persona que actúa como referencia en la organización).

- El trabajador con discapacidad muestra cierta afinidad hacia una persona en concreto.

- Proximidad física en el puesto de trabajo.

- Interés personal mostrado en el proceso de integración de trabajadores con discapacidad.

- Persona designada por la empresa (respetando la voluntariedad).

Los apoyos naturales pueden ser de diversos tipos en función de diferentes factores como la frecuencia, intensidad, duración y repercusión del mismo. Los tipos de apoyos son:

- **Intermitente**: el apoyo se presta de manera esporádica, solo en los casos en los que resulta necesario, y es poco frecuente.

- **Limitado**: el apoyo se presta ocasionalmente durante un periodo de tiempo limitado. Estos apoyos se prestan con una frecuencia regular.

- **Extenso**: el apoyo se presta de manera continuada y sin límite de tiempo. Su frecuencia suele ser regular o alta y tiene bastante intensidad.

- **Generalizado**: el apoyo se presta de manera continuada y estable, con alta frecuencia e intensidad.

5.1.4. El preparador laboral: perfil profesional. Funciones

Las acciones de empleo con apoyo son llevadas a cabo por preparadores laborales (*Employment Support Worker*). Estos profesionales deben, según el Real Decreto 870/2007, estar en posesión de una titulación mínima de Formación Profesional de grado medio o equivalente y acreditar una experiencia previa de al menos un año en actividades de integración laboral de personas con discapacidad que les capacite para la realización de las funciones propias de su puesto.

El tiempo de atención a cada trabajador con discapacidad no puede ser inferior al porcentaje de la jornada de trabajo de dicho trabajador que se relaciona a continuación:

a) Un tercio en el caso de trabajadores con parálisis cerebral, con enfermedad mental o con discapacidad intelectual, con un grado de minusvalía reconocido igual o superior al 65 %.

b) Un quinto en el caso de trabajadores con parálisis cerebral, con enfermedad mental o con discapacidad intelectual, con un grado de minusvalía reconocido igual o superior al 33 % e inferior al 65 %.

e) Un octavo en el caso de trabajadores con discapacidad física o sensorial con un grado de minusvalía reconocido igual o superior al 65 %.

Cuando un mismo preparador laboral preste atención a más de un trabajador con discapacidad, el tiempo de atención conjunto será la suma de los tiempos de atención de cada uno de dichos trabajadores. En ningún caso un preparador laboral podrá atender simultáneamente a más de 3, 5 u 8 trabajadores con discapacidad de los grupos a), b) y c) antes señalados, respectivamente, o los equivalentes cuando los trabajadores atendidos pertenezcan a distintos grupos.

Perfil profesional del preparador laboral

En el I Encuentro de preparadores laborales celebrado en Madrid (Universidad Carlos III) en 2011, se extrajeron como conclusiones que el perfil del preparador laboral debía ser:

Funciones del preparador laboral

- Colaboración y apoyo en el análisis de los puestos de trabajo y en el proceso de adecuación inicial persona-puesto.

- Proporcionar el entrenamiento laboral en el propio puesto de trabajo.

- Enseñar las competencias necesarias (técnicas, metodológicas y participativas) para realizar las tareas específicas del puesto de trabajo.

- Apoyar la adaptación progresiva al puesto de trabajo.

- Asesorar y apoyar a los supervisores y compañeros de trabajo para facilitar la adaptación al puesto y al ambiente laboral de la empresa.

- Favorecer y apoyar el soporte social de la persona en el entorno de la empresa y de sus compañeros de trabajo.

- Ofrecer apoyo continuado y seguimiento para asegurar el éxito en el mantenimiento del puesto de trabajo.

- Apoyar a la persona en la utilización y continuidad del seguimiento de su servicio de salud mental.

- Apoyar y colaborar, en coordinación con el resto de los profesionales del equipo, en las tareas de asesoramiento y apoyo con el entorno familiar de cada usuario para favorecer su implicación activa en el proceso de inserción laboral.

- Apoyar y dinamizar los programas de intervención en el centro; por ejemplo, programas de automotivación, etcétera.

- Otras funciones junto a otros profesionales: apoyo formativo, prospección laboral, acuerdos de prácticas no laborales, análisis y descripción de puestos de trabajo, etcétera.

- Seguimiento continuo y evaluación del trabajador.

Destrezas y habilidades del preparador laboral

- Habilidades de comunicación, empatía y comerciales.

  - El preparador laboral necesita relacionarse no solo con el trabajador de manera constante, sino en el entorno en el que este realiza su trabajo. Una actividad frecuente que el preparador laboral tiene que desarrollar es la interacción y diálogo tanto con los supervisores del trabajador como con los compañeros de este.

- Improvisación, iniciativa y creatividad.

  - La toma de decisiones es el día a día del preparador laboral. En algunos casos, debe dar respuestas inmediatas y proponer estrategias continuas de intervención en el puesto de trabajo.

- Capacidad de aprendizaje, de organización, adaptabilidad y flexibilidad.

  - El preparador laboral no se centra en una única actividad laboral. Son muchos los puestos de trabajo en los que debe realizar un apoyo, siendo imprescindible la capacidad de adaptarse rápidamente a nuevos entornos.

- Conocimiento técnico de las distintas áreas laborales.

  - Aunque el preparador laboral no tiene que tener conocimientos en todas los ámbitos laborales, para una correcta intervención sí necesita ciertos conocimientos previos de los puestos que se van a desempeñar.

- Autocontrol.

  - Las diferentes situaciones que se van a manejar pueden generar altos niveles de estrés y, por ello, es necesario que el preparador laboral tenga estrategias de autocontrol para gestionarlas.

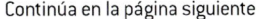

Continúa en la página siguiente

- Tolerancia a la frustración.
  - Los fracasos laborales no tienen que entenderse como fracasos para el preparador laboral. Por el contrario, deben ser vistos como una fuente de análisis y evaluación para mejorar el proceso y superar las dificultades.
- Capacidad de trabajo en equipo.
  - El preparador laboral desarrolla su actividad en equipos interdisciplinares con los que debe trabajar y coordinarse adecuadamente.

Funciones del preparador laboral

Las funciones de los preparadores laborales, para dar apoyo a personas con dificultades en la incorporación y el mantenimiento del empleo, son muy variadas. Dependiendo del tipo de programa de inserción, pueden desempeñarse unas tareas u otras. Las principales funciones son:

- Buscar y gestionar los recursos necesarios (formativos, ocupacionales, laborales...) para la inserción laboral de las personas usuarias.

- Realizar una valoración adecuada, que permita identificar preferencias, motivaciones, expectativas, intereses y necesidades de las personas que acceden al servicio.

- Realizar tutorías de orientación laboral.

- Elaborar itinerarios profesionales con un plan de apoyos personalizado.

- Desarrollar la prospección de empresas, teniendo en cuenta los intereses y preferencias de las personas participantes del servicio de inserción.

- Desarrollar las tareas de intermediación laboral:
  - Recogida y análisis de ofertas de empleo.
  - Análisis y descripción de puestos de trabajo.
  - Adecuación de perfiles (ajuste persona-puesto).
  - Selección y comunicación a las personas participantes.

- Desarrollar planes de trabajo individualizados.

- Contactar con empresas y mantener entrevistas con el objetivo de sensibilizar y conseguir oportunidades de empleo para las personas que participan del servicio.

- Presentar a las personas candidatas al puesto de trabajo.

- Prestar apoyo a la persona en el puesto de trabajo y fuera de él.

- Proporcionar entrenamiento en tareas y aspectos específicos relacionados con el puesto de trabajo.

- Proporcionar entrenamiento en aspectos generales que favorezcan el correcto desempeño laboral (por ejemplo, habilidades sociales o comunicativas).

- Proporcionar formación a la empresa (empresarios y compañeros).

- Identificar, promover y reforzar los apoyos naturales, según las necesidades de cada caso.

- Realizar un seguimiento de la empresa durante la relación laboral con la persona trabajadora.

- Asesorar a las empresas en cuanto a incentivos fiscales, subvenciones, contrataciones bonificadas y otra información sobre legislación laboral que pueda ser de interés.

- Trabajar de manera coordinada con los recursos comunitarios necesarios.

- Gestionar los trámites burocráticos y/o administrativos pertinentes.

- Realizar un seguimiento y evaluación, tanto del trabajador como de la empresa.

- Actualizar los propios conocimientos relacionados con diversas áreas (técnicas de recursos humanos, selección de personal, análisis de puestos de trabajo, resolución de conflictos, negociación, *marketing,* mercado laboral, normativa, etc.).Promover la sensibilización de empresas y otros agentes sociales.Promover la metodología de empleo con apoyo.

- Redactar informes y cumplimentar hojas de registro.

- Garantizar la confidencialidad y velar por la intimidad de las personas que participan del servicio de inserción.

Redes del preparador laboral

El preparador laboral debe saber establecer contactos y crear conexiones con diferentes ámbitos. Esta circunstancia hace imprescindible que el preparador laboral tenga conocimientos en diversas áreas como: el fenómeno de la discapacidad y sus características, la legislación laboral, las prestaciones sociales y ayudas económicas, los servicios comunitarios disponibles, el mercado laboral y las necesidades de las empresas, etcétera.

Las tres principales redes de contactos que debe manejar el preparador laboral son:

- Redes de la persona usuaria:
  - Persona demandante de empleo.
  - Familiares.
  - Amigos.
  - Cuidadores.
  - Red próxima de contactos.
- Redes de la empresa:
  - Empresarios, directores o gerentes.
  - Departamentos de recursos humanos.
  - Asesorías y gestorías.
  - Sindicatos.
- Redes de servicios:
  - Sistemas de salud.
  - Servicios sociales y comunitarios.
  - Sistema educativo.
  - Oficinas de empleo.
  - Vivienda.
  - Prestaciones sociales.

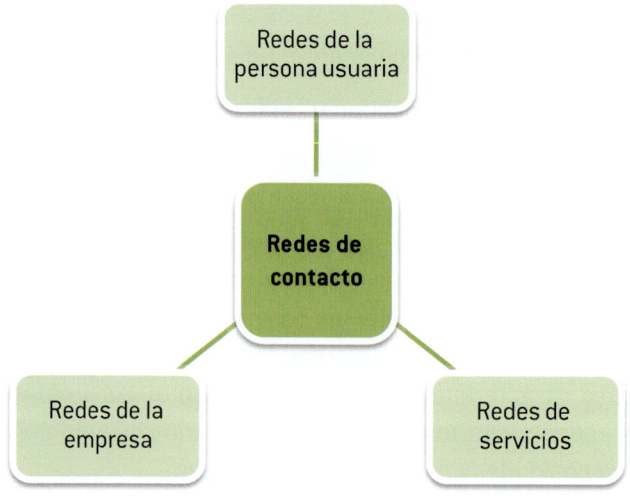

Preparador laboral como «especialista en empleo en la comunidad»

Brooke, Wehman, Inge y Parent (1995) plantearon un cambio conceptual sobre la figura del preparador laboral, al cual pasan a denominar «especialista en empleo en la comunidad», estableciendo los siguientes roles:

Rol	Tareas asociadas
Rol de planificador	– Análisis de los servicios que la persona usuaria demanda. – Asistencia a la persona usuaria en el desarrollo de un plan para alcanzar los resultados deseados.
Rol de consultor	– Mantener una relación consultiva con los usuarios de servicios de empleo con apoyo y facilitarles recomendaciones basadas en el conocimiento de experto.

Rol de recopilador de información	– Permanecer actualizado sobre el mercado de trabajo y mantener una fuerte relación con la comunidad del empleo.
	– Este rol incluye un conjunto de diferentes actividades de *marketing,* como:
	  • Desarrollo y difusión de información promocional sobre el empleo con apoyo.
	  • Identificación de estrategias para que un usuario se promocione él mismo en la búsqueda de empleo.

Rol de técnico	– Tener conocimientos actualizados de las más recientes tecnologías rehabilitadoras, con el objetivo de:
	  • Saber identificar estrategias adecuadas de enseñanza de habilidades.
	  • Proporcionar entrenamiento cuando sea necesario.
	  • Disolver las ayudas de manera sistemática para asegurar la adquisición y mantenimiento de una habilidad.

Rol de recurso comunitario	– Conocer los recursos de la comunidad y servicios incluidos, opciones de transporte, oportunidades de recreo, establecimientos sociales, pensiones, programas de vida independiente y otras organizaciones y agencias de la comunidad. – Dirigir actividades de análisis de la comunidad.

5.2. Deontología profesional

La deontología profesional hace referencia al conjunto de principios y reglas éticas que regulan y guían una actividad profesional. Estas reglas establecen los deberes mínimamente exigibles a los profesionales en el desempeño de su actividad.

Estos principios sirven para orientar el desempeño de los profesionales del empleo con apoyo y, además, pueden servir también como base para la auto-evaluación o mejora de calidad del servicio.

5.2.1. Código ético para profesionales del empleo con apoyo

La Unión Europea de Empleo con Apoyo (EUSE) elaboró un Código Ético en el cual se enumeran lo principios éticos que deben regir las actuaciones de los profesionales del empleo con apoyo.

El objetivo del Código Ético es el de proporcionar un marco de actuación que incluya tanto principios generales como directrices para diferentes situaciones y actividades relacionadas con la provisión de servicios de empleo con apoyo.

Principios generales

Los principios generales del Código Ético propuesto por la Unión Europea de Empleo con Apoyo (EUSE) son:

Competencia profesional

Los profesionales del empleo con apoyo deben mantener un nivel óptimo de competencia en el trabajo. Por ello, resulta necesario que actualicen sus conocimientos de manera periódica, responsabilizándose de su propio desarrollo profesional.

Los profesionales que trabajen con esta metodología deben intercambiar información con otros profesionales, poner en común las buenas prácticas y trabajar para desarrollar los conocimientos profesionales y técnicos.

Integridad

Los profesionales del empleo con apoyo deben ser honestos, justos y respetuosos con el prójimo en la realización de sus actividades laborales. La actuación profesional debe realizarse de manera que inspire confianza y tranquilidad.

Oportunidad e igualdad

Los profesionales del empleo con apoyo deben respetar los derechos, la dignidad y la valía de todas las partes implicadas. En ningún caso podrán discriminar a otras personas por razón de género, edad, religión, raza, etnia, creencias políticas, discapacidad, orientación sexual, salud, posición de dependencia o posición social.

Por otro lado, los profesionales del empleo con apoyo deben ser receptivos a las diferencias y necesidades individuales y culturales, fomentando la igualdad de oportunidades.

Responsabilidad social

Los profesionales del empleo con apoyo deben ser conscientes de la influencia que ejercen en la vida de otras personas, así como en las comunidades en las que dichas personas viven, se desenvuelven y trabajan. Por ello, estos profesionales deben conocer y asumir su responsabilidad en la contribución a la inclusión social a través del empleo.

Confidencialidad

Los profesionales del empleo con apoyo tienen la obligación de garantizar la protección de toda información que sea de carácter confidencial. Cualquier tratamiento que vaya a darse a los datos personales debe ser consultado con la persona implicada, la cual debe dar su consentimiento.

Capacitación y defensa propia

Los profesionales del empleo con apoyo tienen la obligación de promover activamente la participación, capacidad de decisión y autonomía de las personas durante el proceso de empleo con apoyo.

Normativa ética

Teniendo en cuenta los principios éticos y los valores del empleo con apoyo formulados por la EUSE, este organismo estableció un conjunto de normas éticas que deben guiar el desempeño de la actividad de los profesionales implicados en el desarrollo de los servicios.

Competencia – Concienciación general
Los profesionales del sector deben ser capaces de demostrar unos conocimientos y una concienciación de carácter general en relación con el conjunto de actividades implicadas en el empleo con apoyo. Esto incluye: – Los factores que contribuyen al desarrollo del empleo con apoyo, así como las diferencias entre el empleo con apoyo, el empleo segregado y otros servicios. – La definición y características del empleo con apoyo y los valores que lo sostienen. – La importancia de la toma de decisiones bien informadas, la autodeterminación personal y la participación activa durante el proceso del empleo con apoyo. – Las funciones y las responsabilidades de cada una de las partes implicadas en la asistencia y prestación de oportunidades de empleo. – Los derechos y responsabilidades de los individuos con un empleo con apoyo, y la identificación de buenas prácticas en relación con el proceso.
Desarrollo de un perfil profesional
Los trabajadores del empleo con apoyo deben ser capaces de realizar un perfil profesional, así como una valoración y un plan personal de empleo que se ajusten a los intereses del individuo. Esto incluye: – Realizar, en colaboración con el individuo, una valoración profesional que sea efectiva y adecuada. – Adoptar, en todas las fases del proceso de empleo con apoyo, una estrategia de planificación centrada en el individuo y en la que se incluya el desarrollo de un perfil profesional. – Considerar la posibilidad de facilitar una valoración dentro del contexto laboral, a través de la realización de actividades no remuneradas como trabajos de práctica profesional y pruebas de trabajo.

- Ayudar a los individuos a definir sus objetivos profesionales y a elaborar un plan personal de empleo que sea realista y apropiado, con el fin de maximizar su potencial.
- Establecer alianzas con otras agencias, organizaciones y redes apropiadas con el objetivo de favorecer la progresión profesional.

Búsqueda de empleo y *marketing*

Durante el proceso del empleo con apoyo, los profesionales del sector deben ser capaces de proporcionar una amplia gama de técnicas efectivas para la búsqueda de un empleo. Dichas técnicas incluyen:

- Crear estrategias de *marketing* efectivas para el empleo con apoyo.
- Producir materiales de *marketing* adecuados para las empresas.
- Reconocer, y utilizar, métodos formales e informales de búsqueda de empleo.
- Entender el mercado laboral local y la cultura en el lugar de trabajo.
- Determinar las necesidades de las empresas.
- Establecer contactos con las empresas de manera profesional.
- Ayudar a los individuos a competir en el mercado libre de trabajo, favoreciendo sus puntos fuertes, competencias y habilidades.
- Prestar asistencia en la negociación sobre las condiciones de empleo/contrato laboral de acuerdo a la legislación vigente.
- Conocer y comprender la legislación laboral vigente.

Formación y apoyos dentro y fuera del lugar de trabajo

Los profesionales del empleo con apoyo deben ser capaces de proporcionar apoyo dentro y fuera del lugar de trabajo, realizando una serie de actividades, entre las cuales se incluye:

- Determinar, y atender a, las necesidades de apoyo de los individuos en el lugar de trabajo.
- Analizar y determinar los métodos para la utilización de apoyos naturales en el lugar de trabajo.
- Desarrollar apoyos en el lugar de trabajo, determinando y atendiendo las necesidades tanto de las empresas como de los otros trabajadores.
- Suministrar una gama de técnicas de apoyo dentro y fuera del lugar de trabajo.
- Proporcionar a trabajadores y a empresas asesoramiento y apoyo con respecto a ayudas en el lugar de trabajo y también con respecto a adaptaciones y ergonomía del trabajo.
- Ayudar al individuo a reconocer y a adoptar el comportamiento social y la cultura imperante en el lugar de trabajo.

Continúa en la página siguiente

– Maximizar el rendimiento laboral y la inclusión social.

Apoyo continuado

Los profesionales del empleo con apoyo deben ser capaces de proporcionar o de localizar los recursos necesarios para garantizar un apoyo duradero a los individuos en el lugar de trabajo, incluyendo:

– Identificar fuentes y fondos de financiación de apoyos duraderos.

– Elaborar un acuerdo escrito con los individuos y la empresa, en relación con los servicios de apoyo suministrados.

– Estudiar y evaluar, con los individuos y la empresa, la calidad y la relevancia de los servicios.

– Crear una red de apoyos para prestar asistencia al individuo con respecto a sus necesidades laborales personales.

Gestión de ayudas estatales

Los profesionales del empleo con apoyo deben ser capaces de proporcionar un asesoramiento u orientación al usuario y al empleador sobre el conjunto de ayudas estatales pertinentes y sobre cualquier otro tipo de temas económicos, incluyendo:

– Informar al individuo y al empleador sobre las ayudas al empleo existentes y también sobre las implicaciones económicas de sus decisiones.

– Ayudar a los individuos a hacer cálculos sobre cuantías en ayudas estatales, con el fin de facilitarles una decisión bien informada.

– Mantener al día un nivel básico de conocimientos sobre la legislación concerniente a ayudas estatales.

– Crear una red de conexión con otras organizaciones especializadas en suministrar información y asesoramiento sobre la provisión de ayudas estatales.

Conciencia organizacional

Los profesionales del empleo con apoyo deben ser conscientes de la misión, funciones, objetivos y actividades de su organización. Esto implica:

– Tener un conocimiento de sus funciones y responsabilidades dentro de la organización.

– Reconocer el papel, así como los límites, de la organización en relación con actividades de empleo con apoyo.

– Trabajar formando parte de un equipo para lograr los objetivos marcados por la organización.

– Contribuir a un cambio en el sistema dentro de la comunidad en la que desarrollan sus actividades.

– Comprometerse con el principio de excelencia en el trabajo.

Normas éticas en la práctica profesional. Obtenido de EUSE, 2005.

RESUMEN

- En los procesos de empleo con apoyo intervienen diferentes agentes, además del preparador laboral y la persona con discapacidad o en situación de desventaja social. Estos agentes pueden ser, por ejemplo, los familiares de la persona, sus amigos o red de contactos próxima, profesores, orientadores, otros profesionales, etcétera.

- Algunos agentes implicados en el empleo con apoyo están presentes desde el inicio del proceso. Sin embargo, otros agentes se implican posteriormente.

- El empleo con apoyo, al ser un proceso centrado en la persona, determina que la decisión de quién debe formar parte del proceso tiene que ser acordada con la persona con discapacidad y no impuesta.

- Los principales agentes intervinientes en el empleo con apoyo son: la persona usuaria (persona con discapacidad o en situación de desventaja social), la empresa, los apoyos naturales y el preparador laboral.

- La Unión Europea de Empleo con Apoyo (EUSE) elaboró un Código Ético en el cual se enumeran lo principios éticos que deben regir las actuaciones de los profesionales del empleo con apoyo.

- Los principios generales del Código Ético propuesto por la Unión Europea de Empleo con Apoyo (EUSE) son: competencia profesional, integridad, oportunidad e igualdad, responsabilidad social, confidencialidad, capacitación y defensa propia.

ACTIVIDADES DE AUTOEVALUACIÓN

5.1. ¿Qué caracteriza a los apoyos naturales en las empresas?

    a) La voluntariedad de los apoyos.

    b) La designación obligatoria de los «mentores».

    c) Su poca influencia en el éxito del proceso de inserción.

5.2. ¿Cómo se denomina el tipo de apoyo que se presta ocasionalmente durante un periodo de tiempo limitado y con una frecuencia regular?

    a) Intermitente.

    b) Limitado.

    c) Extenso.

5.3. ¿Qué rol cumple el preparador laboral cuando realiza tareas relacionadas con el conocimiento de los servicios de la comunidad (opciones de transporte, oportunidades de recreo, pensiones, etcétera)?

    a) Rol de recopilador de información.

    b) Rol de recurso comunitario.

    c) Rol de consultor.

5.4. ¿Qué principio del Código Ético propuesto por la Unión Europea de Empleo con Apoyo (EUSE) hace referencia a la honestidad y respeto de los preparadores laborales con el usuario en la realización de sus actividades?

    a) Competencia profesional.

    b) Responsabilidad social.

    c) Integridad.

5.5. ¿A qué hace referencia en principio del Código Ético propuesto por la EUSE conocido como «Competencia profesional»?

    a) A la necesidad de los profesionales del empleo con apoyo de actualizar sus conocimientos de manera periódica, responsabilizándose de su propio desarrollo profesional.

b) Al deber de los profesionales del empleo con apoyo de ser honestos, justos y respetuosos con el prójimo en la realización de sus actividades laborales

c) A la obligación de los profesionales del empleo con apoyo de promover activamente la participación, capacidad de decisión y autonomía de las personas durante el proceso de empleo con apoyo.

ACTIVIDADES DE APLICACIÓN

5.1. Completa el siguiente esquema:

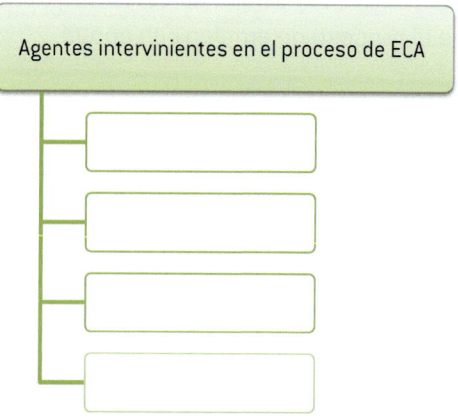

Agentes intervinientes en el proceso de ECA

5.2. Enumera cinco acciones que pueden llevarse a cabo para contactar con las empresas y sensibilizar a los empresarios y responsables de las mismas.

5.3. Relaciona cada tipo de apoyo natural con su definición:

1. Intermitente	a) El apoyo se presta de manera continuada y sin límite de tiempo. Su frecuencia suele ser regular o alta y tienen bastante intensidad.
2. Limitado	b) El apoyo se presta de manera continuada y estable, con alta frecuencia e intensidad.
3. Extenso	c) El apoyo se presta ocasionalmente durante un periodo de tiempo limitado. Estos apoyos se prestan con una frecuencia regular.
4. Generalizado	d) El apoyo se presta de manera esporádica, solo en los casos en los que resulta necesario, y es poco frecuente.

5.4. Completa las siguientes frases en relación con las funciones de los preparadores laborales:

El tiempo de atención a cada trabajador con discapacidad no puede ser inferior al porcentaje de la jornada de trabajo de dicho trabajador que se relaciona a continuación:

a) Un _____ en el caso de trabajadores con parálisis cerebral, con enfermedad mental o con discapacidad intelectual, con un grado de minusvalía reconocido igual o superior al 65 %.

b) Un quinto en el caso de trabajadores con parálisis cerebral, con enfermedad mental o con discapacidad intelectual, con un grado de minusvalía reconocido igual o superior al 33 % e inferior al ___ %.

c) Un octavo en el caso de trabajadores con discapacidad _____ o _____ con un grado de minusvalía reconocido igual o superior al 65 %.

5.5. Relaciona cada uno de los roles del preparador laboral planteados por Brooke, Wehman, Inge y Parent (1995) con sus tareas asociadas:

1. Rol de planificador.	a) Tener conocimientos actualizados de las más recientes tecnologías rehabilitadoras.
2. Rol de consultor.	b) Permanecer actualizado sobre el mercado de trabajo y mantener una fuerte relación con la comunidad del empleo.
3. Rol de recopilador de información.	c) Análisis los servicios que la persona usuaria demanda.
4. Rol de técnico.	d) Conocer los recursos de la comunidad y servicios incluidos.
5. Rol de recurso comunitario.	e) Mantener una relación consultiva con los usuarios de servicios de empleo con apoyo y facilitarles recomendaciones basadas en el conocimiento de experto.

5.6. Enumera los seis principios generales del Código Ético propuesto por la Unión Europea de Empleo con Apoyo (EUSE).

CASO PRÁCTICO

Evaluación de los apoyos naturales para la incorporación laboral de una persona con discapacidad

CONTEXTO

Pedro es un hombre de 28 años con discapacidad física que ha sido contratado como asistente en una tienda de artículos electrónicos. Pedro tiene movilidad reducida y utiliza una silla de ruedas. Antes de su incorporación, es crucial evaluar los apoyos naturales que tiene tanto dentro como fuera de la empresa para asegurar una integración exitosa y sostenible.

Descripción de los apoyos naturales:

- Compañeros de trabajo: otros trabajadores que interactuarán con Pedro diariamente y pueden ofrecer ayuda práctica y emocional.

- Preparador laboral: un profesional especializado que proporciona capacitación y orientación a Pedro y asesora a la empresa.

- Familia: los miembros de la familia de Pedro que le brindan apoyo emocional y logístico fuera del entorno laboral.

- Amigos: personas del círculo social de Pedro que pueden ofrecer apoyo moral y ocasionalmente asistencia práctica.

- Empresario: el dueño de la tienda que tiene la autoridad para hacer ajustes y garantizar un entorno de trabajo inclusivo.

Eres el preparador laboral que va a facilitar la incorporación de Pedro a su puesto de trabajo. Para la evaluación y mejora de los apoyos naturales, fundamentales para la integración sociolaboral de personas con discapacidad, resuelve las siguientes cuestiones:

1. Identifica los apoyos internos en la empresa:

- ¿Quiénes son los compañeros de trabajo de Pedro y qué roles desempeñan en la tienda?

- ¿Qué tipo de apoyo pueden ofrecer los compañeros de trabajo a Pedro en sus tareas diarias?

- ¿Cómo se puede fomentar un ambiente de trabajo colaborativo y solidario entre Pedro y sus compañeros?

2. Papel del preparador laboral:

   - ¿Qué funciones específicas debes cumplir como preparador laboral en la adaptación de Pedro al nuevo entorno laboral?

   - ¿Cómo puedes coordinarte con el equipo de trabajo y el empresario para asegurar una transición fluida?

3. Evaluación de apoyos externos:

   - ¿Qué tipo de apoyo brinda la familia de Pedro y cómo influye esto en su desempeño laboral?

   - ¿En qué medida los amigos de Pedro pueden contribuir a su bienestar emocional y estabilidad durante el proceso de incorporación?

4. Rol del empresario:

   - ¿Qué medidas puede tomar el empresario para facilitar la inclusión de Pedro en el equipo de trabajo?

   - ¿Cómo puede el empresario asegurar que el entorno físico de la tienda sea accesible y adecuado para las necesidades de Pedro?

5. Efectividad de los apoyos naturales:

   - ¿Qué indicadores se pueden utilizar para evaluar la efectividad de los apoyos naturales en la integración laboral de Pedro?

   - ¿Cómo se puede medir el impacto de estos apoyos en el rendimiento laboral y bienestar emocional de Pedro?

6. Fortalecimiento de los apoyos naturales:

   - ¿Qué estrategias se pueden implementar para fortalecer los apoyos naturales tanto dentro como fuera del trabajo?

   - ¿Qué tipo de formación adicional podrían necesitar los compañeros de trabajo, el empresario y la familia para apoyar mejor a Pedro?

ACTIVIDAD PRÁCTICA FINAL

1. Descripción y análisis de apoyos:

   - Describe los apoyos naturales que Pedro tiene disponibles dentro de la empresa. ¿Qué características hacen que estos apoyos sean efectivos o ineficaces?

   - Analiza el papel de la familia y los amigos de Pedro. ¿Cómo contribuyen al éxito de su integración laboral?

2. Plan de acción:

- Diseña un plan de acción como preparador laboral que incluya pasos específicos para coordinar con la empresa y apoyar a Pedro.

- Propón medidas concretas que el empresario podría implementar para asegurar la accesibilidad y un ambiente inclusivo en la tienda.

3. Evaluación y mejora continua:

- Sugiere un método para evaluar periódicamente la efectividad de los apoyos naturales de Pedro. ¿Qué indicadores específicos utilizarías?

- Recomienda estrategias para mejorar continuamente los apoyos naturales y asegurar que Pedro se sienta valorado y apoyado en su lugar de trabajo.

GLOSARIO

- **Apoyos naturales:** recursos y redes de apoyo que existen de manera espontánea en el entorno social y laboral de una persona con discapacidad. Incluyen el apoyo de compañeros de trabajo, amigos, familia y otros contactos sociales que facilitan la inclusión y el desempeño laboral sin necesidad de intervenciones formales.

- **Apoyo natural extenso:** se refiere a la asistencia que es amplia y continua, necesaria de forma regular y frecuente para que la persona con discapacidad pueda mantener su desempeño en el entorno laboral o social.

- **Apoyo natural generalizado:** asistencia que se extiende a múltiples áreas de la vida de la persona con discapacidad y es proporcionada por diversas fuentes dentro de su red social y laboral.

- **Apoyo natural intermitente:** ayuda que se proporciona de manera no continua, en momentos específicos o cuando surge una necesidad particular. Este tipo de apoyo no es constante, sino que se activa en situaciones puntuales.

- **Apoyo natural limitado:** se caracteriza por ser un apoyo proporcionado durante un tiempo definido y en situaciones específicas, generalmente para ayudar en la transición o en el aprendizaje de nuevas habilidades.

- **Código ético:** conjunto de principios y normas que guían el comportamiento y las decisiones de los miembros de una organización o profesión. Establece estándares de integridad, responsabilidad y conducta profesional.

- **Deontología profesional:** estudio y aplicación de las obligaciones y principios éticos específicos que rigen una profesión. Incluye normas y prácticas que aseguran la conducta ética y responsable de los profesionales en su desempeño laboral.

- ***Employment support worker*** (trabajador de apoyo laboral): es un profesional que proporciona asistencia a personas con discapacidad para encontrar y mantener empleo (preparador laboral).

- **Integración (en la empresa):** proceso mediante el cual una persona con discapacidad se incorpora plenamente al entorno laboral, participando de manera equitativa en todas las actividades, relaciones y oportunidades laborales. Involucra la eliminación de barreras y la promoción de un entorno inclusivo.

MAPA CONCEPTUAL

DESCRIPCIÓN DE LOS AGENTES IMPLICADOS EN EL EMPLEO CON APOYO

AGENTES INTERVINIENTES

- Persona usuaria (persona con discapacidad o en situación de desventaja social)
- Empresa
- Apoyos naturales (intermitentes, limitados, extensos o generalizados)
- Preparador laboral

DEONTOLOGÍA PROFESIONAL

Principios generales del código ético para profesionales del empleo con apoyo:
- Competencia profesional
- Integridad
- Oportunidad e igualdad
- Responsabilidad social
- Confidencialidad
- Capacitación y defensa propia

6. Gestión del equipo interdisciplinar

Contenido

En los servicios de empleo con apoyo interviene un conjunto de profesionales que deben trabajar conjuntamente. El desarrollo del ECA debe ser realizado por equipos interdisciplinares cuyos integrantes tengan diferentes responsabilidades y funciones. Entre los diferentes perfiles que pueden encontrarse en estos servicios destacan:

- **Coordinador**: es la persona encargada de dirigir el equipo, organizar el trabajo y garantizar que se cumplen los objetivos marcados.

- **Prospector de empleo**: sus principales funciones son la captación y canalización de ofertas de empleo, así como la difusión de la actividad realizada por el servicio de empleo con apoyo. Este profesional está en contacto directo con las empresas y debe conocer en profundidad el mercado laboral.

- **Preparador laboral**: es la persona encargada de la ejecución de las diferentes fases que componen el empleo con apoyo, especialmente en lo referido a la dotación de apoyos dentro y fuera del entorno laboral y al seguimiento y mantenimiento del puesto de trabajo.

- **Otros profesionales**: algunos servicios de empleo con apoyo incorporan a su plantilla a otros profesionales, cuyos perfiles pueden ser muy diversos como: orientadores, logopedas, pedagogos, psicólogos, trabajadores sociales, intérpretes de lengua de signos, formadores u otros profesionales administrativos o de gerencia.

El motivo por el cual la metodología de empleo con apoyo se desarrolla mediante equipos interdisciplinares es porque aborda una problemática muy compleja (inserción laboral de personas con discapacidad o en desventaja social). Como la situación que se trata se relaciona con distintos ámbitos funcionales (laboral, psicológico, sanitario, social, etc.), debe ser abordada por un equipo que incorpore miembros expertos de las distintas áreas.

La composición de equipos interdisciplinares puede ser muy variada, tanto en lo referente al número de especialidades incluidas, como al número de miembros de cada disciplina. Esta composición del equipo debe realizarse en función de las necesidades particulares de cada caso.

6.1. Definición, características del trabajo en equipo

Los equipos interdisciplinares o multidisciplinares son aquellos formados por un conjunto de personas, con diferentes niveles de cualificación y experiencia profesional, que trabajan conjuntamente con un objetivo común.

Los miembros del equipo deben conocer su papel dentro del mismo, sus responsabilidades y funciones asignadas. De igual manera, deben conocer el papel del resto de los integrantes. En la mayor parte de los casos, los equipos interdisciplinares trabajan bajo la dirección de un coordinador.

El trabajo en equipo se entiende como aquel trabajo realizado por varias personas, existiendo un reparto de tareas y/o funciones, pero compartiendo una meta común. En el caso del empleo con apoyo, el objetivo que se quiere alcanzar en las inserción laboral de las personas con discapacidad y el mantenimiento de su puesto de trabajo.

Características del trabajo en equipo

Las principales características que debe cumplir un equipo de trabajo para que sea efectivo deben ser:

- El trabajo en equipo no es simplemente la suma de aportaciones individuales.

- Los miembros del grupo deben trabajar de manera coordinada en la ejecución de un proyecto.

- Existe un objetivo común claramente identificable.

- El equipo en su conjunto es quien responde del resultado final del proyecto (no cada miembro de manera independiente).

- Cada integrante del equipo está especializado en un área determinada que afecta al proyecto (en caso de ser necesario, pueden existir varios miembros con la misma especialización).

- Cada integrante del equipo tiene una función específica y solo es posible alcanzar el objetivo si todos los miembros cumplen con su responsabilidad.

Las 5 C del trabajo en equipo

Para que los proyectos realizados en equipo tengan éxito, el trabajo debe basarse en las 5 C:

- **Complementariedad**: cada miembro domina una parcela determinada del proyecto (área de conocimiento o especialización), las cuales son complementarias y necesarias para el éxito del proyecto.

- **Coordinación**: los integrantes del equipo deben actuar de forma organizada, por lo que el papel del coordinador es fundamental.

- **Comunicación**: el trabajo en equipo exige una comunicación eficaz entre todos los miembros. Esta comunicación resulta fundamental para la coordinación de todas las actuaciones individuales.

- **Confianza**: todos los integrantes del equipo deben confiar en el buen hacer del resto. En los trabajos en equipo, resulta imprescindible anteponer el éxito del proyecto a la persecución de objetivos personales, como tratar de destacar por encima de los compañeros.

- **Compromiso**: todos los miembros deben comprometerse con el proyecto, tratando de aportar lo mejor de sí mismos para el logro de los objetivos.

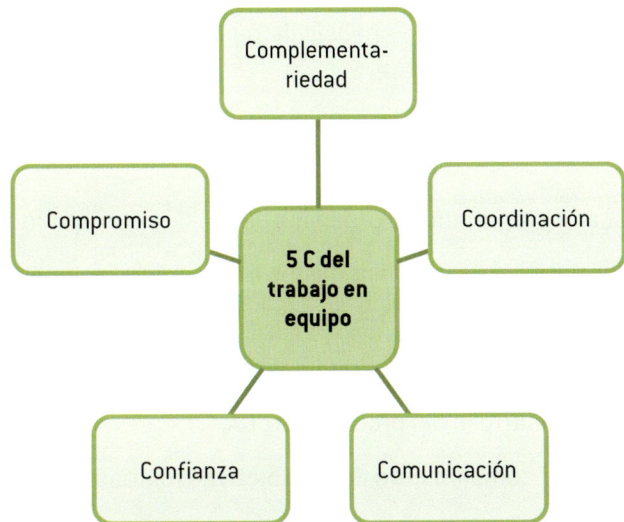

Diferencias entre trabajo en equipo y grupo de trabajo

Un grupo de personas que trabajan juntas en la misma área pero no tienen coordinación entre ellas (cada persona realiza su trabajo de manera individual, sin que le afecte el trabajo del resto de compañeros) conforman un grupo de trabajo, pero no trabajan en equipo.

Por lo tanto, puede decirse que un grupo de trabajo es un conjunto de personas que realizan una labor similar dentro de una organización (suelen compartir el mismo coordinador o director y tener proximidad física). Sin embargo, cada persona realiza su trabajo de manera independiente y responde individualmente del mismo, sin que sus resultados dependan del trabajo de sus compañeros.

Por el contrario, en los equipos de trabajo, aunque cada miembro tenga un cometido específico, las actuaciones de unos influyen en las de los otros, por lo que deben estar coordinados para alcanzar el objetivo común propuesto.

6.2. Organización y coordinación entre los miembros

La organización y coordinación en equipos de trabajo implica el uso de estrategias dirigidas a integrar las actuaciones, conocimientos y objetivos de miembros interdependientes, con el objetivo de alcanzar las metas comunes.

La coordinación garantiza que un equipo interdisciplinar funcione como un todo unitario. La coordinación de los equipos de empleo con apoyo debe llevarse a cabo por profesionales con un elevado nivel de cualificación y conocimientos sobre discapacidad, empleo y mercado laboral, metodología de empleo con apoyo, técnicas de análisis de puestos, técnicas de formación y entrenamiento, *marketing,* etcétera.

Los coordinadores de los equipos interdisciplinares tienen diferentes funciones:

- Planificar y programar los procesos de empleo con apoyo.

- Dirigir y guiar el trabajo de cada uno de los miembros del equipo, asignando funciones y responsabilidades según el perfil de cada integrante.

- Realizar un seguimiento y supervisar la ejecución de las tareas.

- Evaluar el desarrollo del proceso de ECA.

- Garantizar el cumplimiento de los objetivos marcados.

- Facilitar la toma de decisiones.

- Apoyar a todos los profesionales del equipo.

- Solucionar incidencias.

- Fomentar la comunicación entre los miembros del equipo.

- Actuar como nexo de comunicación del equipo con otras instituciones.

Para realizar las funciones de organización y coordinación de los equipos de empleo con apoyo es conveniente:

- Tener una visión global del proceso de empleo con apoyo. Es imprescindible conocer en profundidad la metodología de ECA, sus fases, los principios y valores que la sustentan, los estándares de calidad establecidos, la normativa que la regula, etc. También es necesario tener amplios conocimientos sobre los colectivos objeto de intervención y sus características, así como sobre el propio mercado de trabajo (tejido empresarial, tendencias laborales, análisis de puestos de trabajo, prospección de empleo, yacimientos de empleo, fuentes de reclutamiento, etcétera).

- Transmitir claramente el objetivo del proceso. Generalmente, este objetivo está relacionado con conseguir la inserción laboral y el mantenimiento del puesto de trabajo de las personas usuarias, manteniendo unos niveles adecuados de calidad en el servicio.

- Conocer a los miembros del equipo interdisciplinar. Es fundamental conocer a cada miembro, sus expectativas, su formación y experiencia, su grado de especialización, sus capacidades, etc., para coordinar las actuaciones de la mejor manera posible.

- Definir claramente los roles del equipo, asignando funciones, tareas y responsabilidades concretas a cada integrante.

- Elaborar una planificación o plan de trabajo que recoja todas las actuaciones que van a desarrollarse, los plazos estimados las personas responsables y los resultados esperados.

- Establecer las estrategias de seguimiento y supervisión del proceso de ECA y de las actuaciones de los profesionales que integran el equipo.

- Mantener una comunicación constante con todos los miembros del equipo y dar retroalimentación sobre el desarrollo de las tareas. Para ello, se recomienda el uso de herramientas de comunicación, como aplicaciones de mensajería, correo electrónico y software de gestión de proyectos, para mantener a todos los miembros del equipo informados sobre las cuestiones relevantes.

  Igualmente, es muy importante disponer de la documentación compartida. Para ello, es útil mantener un registro compartido de informes de progreso, evaluaciones y notas de reuniones que todos los miembros del equipo puedan consultar y actualizar.

Entre los profesionales del equipo interdisciplinar, en ocasiones es necesario la derivación de casos. Para ello, debe establecerse un protocolo que incluya, al menos:

- Proceso de derivación formal:

  - Formulario de derivación (quién deriva, quién recibe el caso, causas que motivan la derivación...).

- Documentación necesaria, como informes de evaluación, objetivos de intervención y antecedentes relevantes de la persona.

- Canalización adecuada: la derivación debe realizarse al profesional adecuado según las necesidades específicas de la persona. Por ejemplo, derivar al psicólogo si se identifican problemas emocionales o al fisioterapeuta si hay necesidades de adaptación física.

- Seguimiento continuo: después de la derivación, es necesario mantener un seguimiento continuo para asegurarse de que la persona está recibiendo el apoyo necesario y que los resultados esperados se están alcanzando.

- Retroalimentación y ajustes: es fundamental solicitar retroalimentación del profesional receptor sobre la intervención realizada para ajustar el plan de intervención según sea necesario. Esto puede incluir reuniones de seguimiento para discutir los avances y cualquier nueva necesidad que surja, evaluaciones conjuntas o nuevas derivaciones.

6.3. Ventajas y dificultades del trabajo en equipo

El trabajo en equipo presenta múltiples ventajas. Las principales son:

- Ampliación de perspectiva del trabajo y los puntos de vista.

- Ambiente de apoyo entre los diferentes miembros.

- Aumento del número de propuestas e ideas.

- Posibilidad de conseguir mejores resultados que los que podrían obtenerse de las capacidades individuales de los componentes del equipo.

- Mejor rendimiento de las competencias individuales.

- Garantía de seguimiento de los proyectos.

- Puesta en común de conocimientos, experiencias, puntos de vista, etc., que enriquecen a todos los miembros del equipo.

- Aumento de los puntos de vista en los procesos de toma de decisiones.

- Posibilidad de abordar problemáticas muy complejas que requieren un trabajo multidisciplinar.

Por otro lado, el trabajo en equipo puede presentar una serie de inconvenientes si no se gestiona o coordina adecuadamente:

- Prevalencia de los objetivos personales sobre los del equipo.

- Conflictos interpersonales.

- Individualismos.

- Reducción del esfuerzo o el sentido de la responsabilidad en algunos componentes.

- Tendencia hacia el conformismo.

- Dificultad para tomar decisiones o alcanzar acuerdos.

- Tomar decisiones prematuras o arriesgadas.

- Responsabilidades o funciones ambiguas.

- Mayor consumo de tiempo en la coordinación de actividades (por ejemplo, realización de reuniones de seguimiento).

RESUMEN

- En los servicios de empleo con apoyo interviene un conjunto de profesionales que deben trabajar conjuntamente. El desarrollo del ECA debe ser realizado por equipos interdisciplinares cuyos integrantes tengan diferentes responsabilidades y funciones.

- Entre los diferentes perfiles que pueden encontrarse en estos servicios destacan: el coordinador, los prospectores de empleo, los preparadores laborales y otros profesionales (orientadores, logopedas, pedagogos, psicólogos, trabajadores sociales, intérpretes de lengua de signos, formadores, profesionales administrativos o de gerencia, etcétera).

- El motivo por el cual la metodología de empleo con apoyo se desarrolla mediante equipos interdisciplinares es porque aborda una problemática muy compleja. Como la situación que se trata se relaciona con distintos ámbitos funcionales, debe ser abordada por un equipo que incorpore miembros expertos de las distintas áreas.

- La composición de equipos interdisciplinares puede ser muy variada, tanto en lo referente al número de especialidades incluidas, como al número de miembros de cada disciplina.

- Los equipos interdisciplinares o multidisciplinares son aquellos formados por un conjunto de personas, con diferentes niveles de cualificación y experiencia profesional, que trabajan conjuntamente con un objetivo común.

- El trabajo en equipo se entiende como aquel trabajo realizado por varias personas, existiendo un reparto de tareas y/o funciones, pero compartiendo un objetivo común. En el caso del empleo con apoyo, el objetivo que se quiere alcanzar en las inserción laboral de las personas con discapacidad y el mantenimiento de su puesto de trabajo.

- Para que los proyectos realizados en equipo tengan éxito, el trabajo debe basarse en las 5 C: complementariedad, coordinación, comunicación, confianza y compromiso.

- La coordinación garantiza que un equipo interdisciplinar funcione como un todo unitario. La coordinación de los equipos de empleo con apoyo debe llevarse a cabo por profesionales con un elevado nivel de cualificación y conocimientos sobre discapacidad, empleo y mercado laboral, metodología de empleo con apoyo, técnicas de análisis de puestos, técnicas de formación y entrenamiento, *marketing,* etcétera.

ACTIVIDADES DE AUTOEVALUACIÓN

6.1. ¿Qué profesional es el encargado de la captación y canalización de ofertas de empleo en los servicios de empleo con apoyo?

a) Coordinador.

b) Preparador laboral.

c) Prospector de empleo.

6.2. ¿Cuál de las siguientes opciones no es una característica de los equipos de trabajo?

a) Tiene un objetivo común.

b) El trabajo es la suma de aportaciones individuales.

c) Solo es posible alcanzar el objetivo si todos los miembros cumplen con su responsabilidad.

6.3. ¿A qué hace referencia la «Complementariedad» de los equipos de trabajo?

a) A que cada miembro domina una parcela determinada del proyecto (área de conocimiento o especialización), las cuales son necesarias para el éxito del proyecto.

b) A que los integrantes del equipo deben actuar de forma organizada y coordinada.

c) A que todos los miembros deben comprometerse con el proyecto, tratando de aportar lo mejor de sí mismos para el logro de los objetivos.

6.4. ¿Cuál de las siguientes opciones es una desventaja del trabajo en equipo?

a) La menor probabilidad de conseguir buenos resultados en comparación con los que podrían obtenerse trabajando individualmente.

b) La dificultad para tomar decisiones o alcanzar acuerdos.

c) El trabajo en equipo no presenta desventajas.

6.5. Señala la opción correcta en relación con los equipos interdisciplinares en el empleo con apoyo:

a) Todos los equipos interdisciplinares que trabajan en servicios de empleo con apoyo están compuestos por profesionales de las mismas disciplinas o especialidades.

b) Todos los equipos interdisciplinares que trabajan en servicios de empleo con apoyo tienen el mismo número de miembros.

c) Permiten abordar situaciones relacionadas con distintos ámbitos funcionales (laboral, psicológico, sanitario, social, etcétera).

ACTIVIDADES DE APLICACIÓN

6.1. Completa el siguiente esquema:

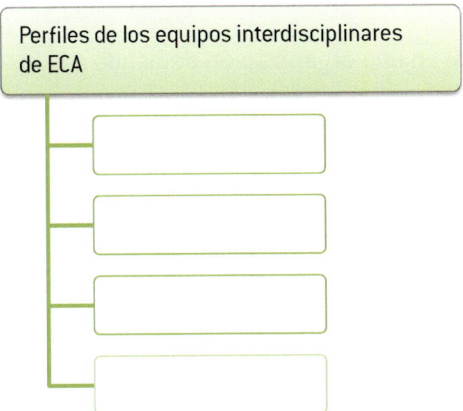

Perfiles de los equipos interdisciplinares de ECA

6.2. Completa las siguientes frases en relación con el trabajo en equipo:

a) Los miembros del grupo deben trabajar de manera _____ en la ejecución de un proyecto.

b) Existe un _____ común claramente identificable.

c) Cada integrante del equipo tiene una _____ específica.

6.3. Enumera las 5 C del trabajo en equipo.

CASO PRÁCTICO

Equipo multidisciplinar en un modelo de intervención de empleo con apoyo

CONTEXTO

Trabajas como preparador laboral en una organización dedicada a la inserción sociolaboral de personas con discapacidad. Trabajas en coordinación con un equipo interdisciplinar compuesto por los siguientes perfiles:

- Preparador laboral: responsable de brindar apoyo directo al trabajador con discapacidad, facilitando su adaptación al puesto de trabajo y proporcionando capacitación específica.

- Orientador laboral: encargado de realizar la evaluación inicial de habilidades y necesidades, además de guiar a la persona en la búsqueda de empleo adecuado.

- Psicóloga: proporciona apoyo emocional y psicológico a la persona, ayudando a manejar el estrés y la ansiedad asociados con la inserción laboral.

- Trabajadora social: aborda las necesidades sociales y familiares de la persona, asegurando que tenga acceso a recursos y servicios necesarios fuera del entorno laboral.

- Fisioterapeuta/terapeuta ocupacional: ofrece apoyo en términos de accesibilidad y adaptaciones físicas necesarias en el entorno laboral, además de asesorar sobre ergonomía y bienestar físico.

- Mediador laboral: facilita la comunicación entre el trabajador, la empresa y los compañeros de trabajo, promoviendo un entorno inclusivo y resolviendo conflictos potenciales.

- Tutor o mentor laboral: un compañero de la empresa que actúa como mentor del trabajador con discapacidad, proporcionando orientación y apoyo diario en el lugar de trabajo.

- Empresario/gerente de recursos humanos: participa en la planificación y ejecución de adaptaciones en el entorno laboral y asegura que la empresa cumpla con las normativas de inclusión.

Para la coordinación entre profesionales, tenéis establecidos los siguientes mecanismos:

- Reuniones periódicas (semanales o mensuales) para discutir el progreso de cada persona, compartir información y ajustar estrategias de intervención.

- Planes de intervención personalizados para cada persona trabajadora que detalle las responsabilidades y aportaciones de cada miembro del equipo.

- Uso de herramientas de comunicación y plataformas de gestión de casos (como aplicaciones de mensajería, correos electrónicos y *software* de gestión de proyectos) para mantener a todos los miembros del equipo informados sobre el progreso y necesidades de cada persona usuaria.

- Documentación compartida: acceso a un registro compartido de informes de progreso, evaluaciones y notas de reuniones que todos los miembros del equipo puedan consultar y actualizar.

- Derivación de casos entre profesionales: existe un protocolo establecido que consiste en:

  - Proceso de derivación formal que incluye la documentación necesaria, como informes de evaluación, objetivos de intervención y antecedentes relevantes de la persona.

  - Canalización adecuada: la derivación se realiza al profesional adecuado según las necesidades específicas de la persona trabajadora. Por ejemplo, derivar al psicólogo si se identifican problemas emocionales o al fisioterapeuta si hay necesidades de adaptación física.

  - Seguimiento continuo: después de la derivación, se mantiene un seguimiento continuo para asegurarse de que el trabajador está recibiendo el apoyo necesario y que los resultados esperados se están alcanzando.

  - Retroalimentación y ajustes: se solicita retroalimentación del profesional receptor sobre la intervención realizada para ajustar el plan de intervención según sea necesario. Esto puede incluir reuniones de seguimiento para discutir los avances y cualquier nueva necesidad que surja.

Francisco es una de las personas usuarias de la organización. Se incorporó hace una semana a un puesto de trabajo de conserje. Durante el seguimiento, identificas que Francisco se pone muy nervioso ante ciertas situaciones habituales en su trabajo y tiene respuestas emocionales muy intensas ante la interacción con personas que no conoce. Por ejemplo, tiene un trato cordial con los trabajadores habituales del edificio, pero ante visitas de personas extrañas muestra un grado de estrés muy elevado.

ACTIVIDADES

- ¿Cómo procederías, en coordinación con tu equipo de trabajo, para mejorar la situación de Francisco?

- ¿Le derivarías a algún profesional del equipo? Describe la motivación de la derivación que redactarías en el formulario (detalle del caso, las causas de derivación y cómo afectan al desempeño laboral, a qué profesional/es derivarías el caso...).

- Tras la derivación, ¿cómo realizarías el seguimiento de los avances?

- Si tras la derivación el profesional redacta un informe en el que se afirma que Francisco actualmente no está preparado para mantener una comunicación directa con personas desconocidas, ¿ajustarías el plan de intervención?

GLOSARIO

- **Complementariedad:** relación entre diferentes elementos/personas que, al combinarse, se mejoran o completan mutuamente. En el contexto laboral, implica que las habilidades y competencias de distintos miembros de un equipo se complementan para alcanzar objetivos comunes de manera más efectiva.

- **Coordinador/a:** persona responsable de organizar, dirigir y supervisar las actividades de un equipo o proyecto. Su función principal es asegurar que todas las tareas se realicen de manera eficiente y que los objetivos se cumplan, facilitando la comunicación y colaboración entre los miembros del equipo.

- **Equipo de trabajo:** grupo de personas que colaboran de manera organizada y coordinada para alcanzar un objetivo común. Cada miembro tiene roles y responsabilidades específicos, y el éxito del equipo depende de la cooperación y el esfuerzo conjunto.

- **Grupo de trabajo:** conjunto de personas que se reúnen para realizar una tarea específica o resolver un problema determinado. A diferencia de un equipo de trabajo, los miembros de un grupo de trabajo pueden tener menos interdependencia y roles menos definidos.

- **Preparador laboral:** profesional que apoya a personas con discapacidad en su proceso de inserción y adaptación al empleo. Sus tareas incluyen la evaluación de capacidades, la formación en habilidades laborales, la adaptación del puesto de trabajo y el seguimiento continuo para asegurar el éxito laboral.

- **Prospector de empleo:** profesional que se encarga de identificar oportunidades laborales en el mercado y establecer contactos con empleadores potenciales. Su objetivo es encontrar puestos de trabajo adecuados para personas con discapacidad y negociar las condiciones de empleo para facilitar su inserción laboral.

MAPA CONCEPTUAL

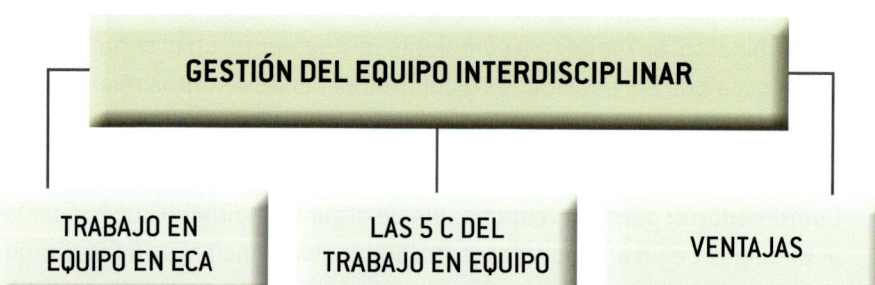

GESTIÓN DEL EQUIPO INTERDISCIPLINAR

TRABAJO EN EQUIPO EN ECA

Equipos multidisciplinares formados por perfiles como:

– Coordinador

– Prospector de empleo

– Preparador laboral

– Otros profesionales: orientadores, logopedas, pedagogos, psicólogos, trabajadores sociales, intérpretes de lengua de signos, formadores u otros profesionales administrativos o de gerencia

LAS 5 C DEL TRABAJO EN EQUIPO

– Complementariedad

– Coordinación

– Comunicación

– Confianza

– Compromiso

VENTAJAS

– Ampliación de perspectiva del trabajo y los puntos de vista

– Apoyo entre los miembros

– Aumento del número de propuestas e ideas

– Mejores resultados y mejor rendimiento

– Garantía de seguimiento de los proyectos

– Puesta en común de conocimientos, experiencias, puntos de vista, etcétera

– Posibilidad de abordar problemáticas muy complejas que requieren un trabajo multidisciplinar

Recursos en línea

Directrices Unión Europea de Empleo con Apoyo (EUSE)
http://sid.usal.es/idocs/F8/FD025937/Caja_herramientas_EUSE_2010.pdf

Realidad, situación, dimensión y tendencias del empleo con apoyo en España
https://empleoconapoyo.org/wp-content/uploads/2024/03/Informe_OED_
ECA_v3.pdf

El empleo con apoyo en España. Análisis de variables que determinan la obtención y mejora de resultados en el desarrollo de servicios (F. B. Jordán de Urríes Vega y M. A. Verdugo Alonso)
http://sid.usal.es/idocs/F8/FD06482/documento59de2003.pdf

Manual de servicios de empleo con apoyo
https://plenainclusionmadrid.org/wp-content/uploads/2018/06/ManualECA.pdf

Principios éticos y estándares de calidad para inserción en empleo ordinario mediante empleo con apoyo. El modelo de la EUSE (Borja Jordán de Urríes Vega y Miguel Ángel Verdugo Alonso, 2006)
http://www.copmadrid.org/webcopm/publicaciones/social/100013.pdf

Bibliografía

Adroher Biosca, S. (coord.). *Discapacidad e integración: Familia, trabajo y sociedad.* Universidad Pontificia Comillas de Madrid, 2004. ISBN: 84-8468-199-X.

Bellver, F. (1993). «El empleo con apoyo en España». *Siglo Cero,* n.º 148, 25(3), 55-63.

Bellver, F., Moll, B., Roselló, R., & Serra, F. (1993). «Un recurso eficaz para la inserción sociolaboral de personas con minusvalía. Una experiencia en la isla de Mayorca». *Siglo Cero,* n.º 147, 24(3), 15-24.

De la Herrán Gascón, A. e Izuzquiza Gasset, D. *Discapacidad intelectual en la empresa: las claves del éxito.* Ediciones Pirámide, 2010. ISBN 978-84-3682-3-134.

Grupo Gureak y Lantegi Batuak y Adapei Gironde. (1998). *Guía de Prospección de Empleo.* Lasarte-Oria: Iniciativa Comunitaria Empleo HORIZON.

Instituto de Migraciones y Servicios Sociales (IMSERSO). (1999). *Empleo con apoyo. Guía de Buenas prácticas.* Madrid: Ministerio de Trabajo y Asuntos Sociales. Secretaría general de Asuntos Sociales. Instituto de Migraciones y Servicios Sociales.

Instituto de Migraciones y Servicios Sociales (IMSERSO). (1998). *Empleo y Discapacidad.* Madrid: Ministerio de Trabajo y Asuntos Sociales. Secretaría General de Asuntos Sociales. Instituto de Migraciones y Servicios Sociales.

Fullana, J., Pallisera, M. y Vila, M., (2003). «La investigación sobre los procesos de integración laboral de personas con discapacidad en entornos ordinarios. Un estudio de casos cualitativo». *Revista de investigación educativa,* 2003 (Vol. 21, n.º 2, 305-321).

Gento Palacios, S. (coord.), Riaño Galán, A. M.ª y Merino San Emeterio, R. *Integración y rehabilitación laboral en la diversidad.* Madrid: UNED Editorial, 2011. ISBN: 978-84-362-6203-2.

Jordán de Urríes, F. B. y Verdugo, M. A., (2003). *El empleo con apoyo en España. Análisis de variables que determinan la obtención y mejora de resultados en el desarrollo de servicios.* Real Patronato sobre Discapacidad. Madrid.

Montero Gómez, C. *Estrategias para facilitar la inserción laboral a personas con discapacidad.* Editorial Universidad Estatal a Distancia, San José, Costa Rica, 2003. ISBN: 9968-31-281-9.

Moya Maya, A.; Borrego Enrique, O. y Domínguez García, J. *Itinerarios de inserción laboral.* Hergue Editora Andaluza, 2005. ISBN: 978-84-9531-9-661.

Orteu, X. *Construcción de itinerarios de inserción laboral.* Barcelona: Editorial Gedisa, 2009. ISBN: 978-84-9784-2-068.

Pallisera, M., Fullana, J. y Vila, M., (2005). «La inserción laboral de personas con discapacidad. Desarrollo de tres investigaciones acerca de los factores favorecedores de los procesos de inserción». *Revista de investigación educativa,* 2005 (Vol. 23, n.º 2, 295-313).

Verdugo, M. A. (1995). «Personas con retraso mental». En M. A. Verdugo (dir.), *Personas con Discapacidad. Perspectivas psicopedagógicas y rehabilitadoras.* Madrid: Siglo XXI.

Verdugo, M. A., y Jenaro, C. (1993). «Una nueva posibilidad laboral para personas con discapacidad». *Siglo Cero,* n.º 147, 24(3), 5-12.

Verdugo, M. A., Jordán de Urríes, F. B., y Bellver, F. (1998). «Situación actual del empleo con apoyo en España». *Siglo Cero,* 29(1), 23-31.

Verdugo, M. A., Jordán de Urríes, F. B., Bellver, F., & Martínez, S. (1998). «*Supported Employment in Spain*». *Vocational Rehabilitation,* 11, 223-232.